高齢者動作法

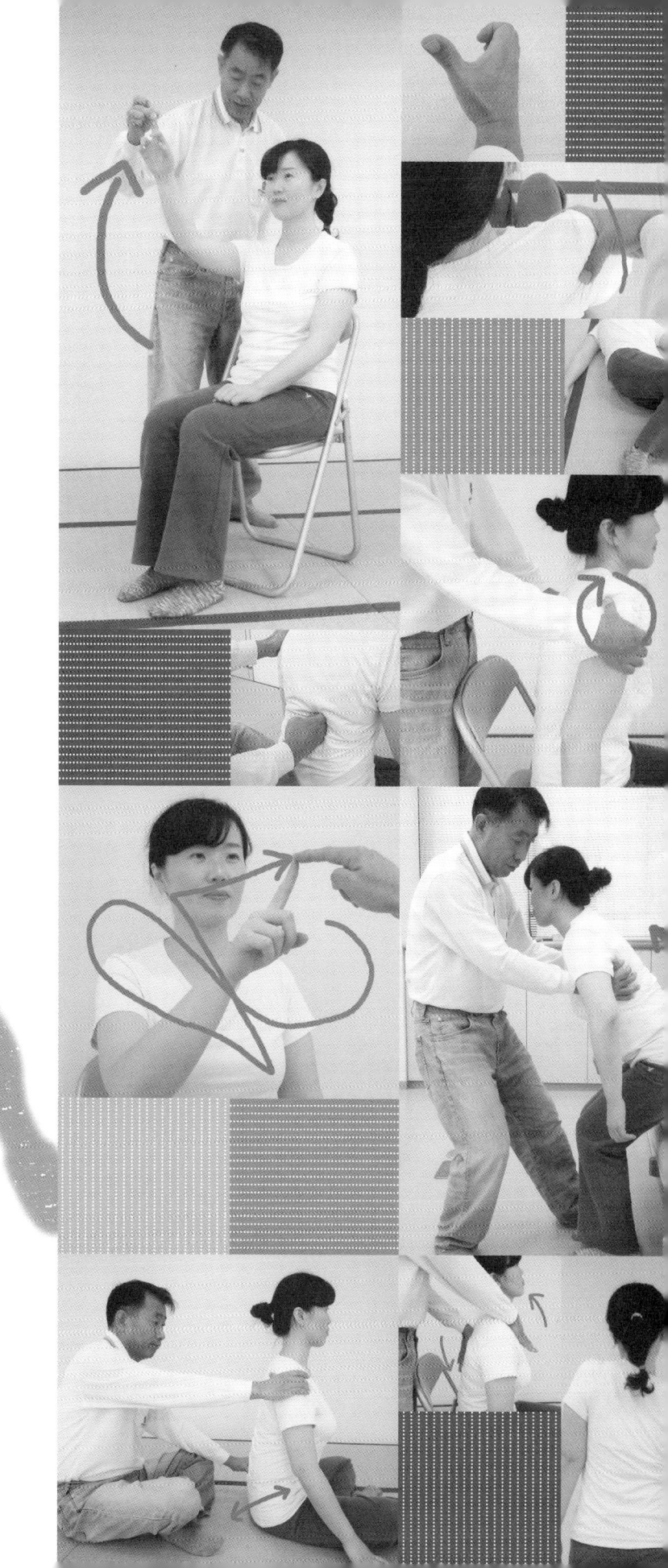

中島健一 著

誠信書房

巻頭に寄せて

中島さん執筆のご本に序文を寄せる光栄はこれで2回目になります。書架から最初のご本を引き出してみると『痴呆性高齢者の動作法』です。タイトルにまずギョッとしたのは、最近まったく使われなくなった"痴呆"が最初に目に飛び込んできたからです。当時は一般的にも専門家にも当然のように広く使われていたこの言葉が、禁句になって数年のうちに、用語とともに考え方も大きく変わる世間の変化の早さに、今更のように感銘したことでした。もちろん社会事業大学の教授でありながら、現・認知症介護研究・研修東京センターの副所長を兼ねた経験と、今なお社会福祉介護施設等で多くの障害者や高齢者を診られ、専門の病院で認知症者に動作法を適用し続ける中島さんのお仕事を承知していることもあるのですが、それにしても一読して、著者中島さんがこの間に、ことば・考え方はもちろんとして、「随分と腕を上げたな！」というのが最初の印象でした。

どのページを開いてみても、きわめて簡潔な表現ながら微に入り細にわたっての的確な記述に終始しているうえに、余計な説明はすべて削ぎ落としながら必要な条件は最大残さず取り上げてあるのです。これは実際の臨床場面でよほど多くの経験を重ねていなければとてもできない芸当です。私も時々は高齢者動作法について話をする機会があり、いかに要領よく説明や実技を進めるかに腐心するのですが、それなりの私の成果をもってしても、本書の中島さんのそれには脱帽のほかはありません。前回では、一応説明はしてもらいましたよ、という感じでしたが、今回は、本当に被援助者と取り組みながら、今まさに目の前で中島さんが動作法を実際にやっているのを見ているというか、そこでやるのを手伝っているかのように、私が実感として体験しているような感じでした。

本書は4章より構成され、第1章は、高齢者および認知症者の理解の仕方について日頃のご自分の立場、社会の理解から現行制度などの一般論を述べた後で、それに対する著者自身の意見と批判などが情熱的に述べられています。第2章では、動作法の理論、考え方を概説し、特に動作を不調にする大元を無意識の力みに置き、それが緊張や痛みとして具体的にいかに現れるか、その無意識の力みをどのようにして取り除くのか、そのためどのように対応し、どう処理するかを説明します。第3章では、動作法の理論に基づき、必要な基本的技法について目的を明確にして、からだの部位・部分を特定し、そこを動かす、弛める、からだの軸を作り、距離を置く、腹を据えるなど、体験の仕方の変化を中心にして、初心者に必要ないくつかを紹介します。第4章では、動作法を高齢者に適用する場合でも、もっと若い人の場合と原則は変わらないとしながら、骨粗鬆症など高齢者特有の問題を取り上げ、ことに認知症者に対応するときの難しさと、心構え・身構えを重視します。次いで高齢者へ実際に動作法を適用した治療援助の事例を載せ、ケースの進め方、報告書の書き方、それについての検討・研究のためのモデルを提供しています。

全体を四つの章に分けるという構成は、以前の著書と基本的にはあ

まり変わりませんが、それだけに両著を比較してみると、最近における著者の進歩の状況がいずれの章においても歴然とっている迫力が違います。一読した読者に自分もやってみようという気を起こさせるに充分な魅力があり、困ったときの相談書として使えるという、教科書というか案内書というか、とにかくこの分野で現在におけるまたとない貴重な秀作であるといえる本になりました。

ここに特筆すべき新しい試みがありました。それは第3章の「セッションを通したやりとりの例」です。援助者（T）と被援助者（C）との間の動作中の対話の逐語記録です。ちょうどカウンセリングにおけるそれと同じですが、同じくことばとことばのやりとりに過ぎませんが、カウンセリングではその意味だけの知的なやりとりでありながら、ここではことばに加えて、からだの具体的な緊張や動きと、それについての被援助者と援助者両者のこころにおける実感的・共感的な体験が同時にやりとりされているのです。TとCとの間のこの三位一体のやりとりこそ、他のどんな面接や対話にも真似できない極めて濃厚な援助関係であり、こころの交流です。この中島流の動作対話記録は、おそらくこれからの動作法における重要な技法モデルとして、仲間たちに広く用いられ、ケース研究における重要な治療・援助過程の手掛かりとして重要視されることになるでしょう。

ところで一つだけ、本書の練習法について気になるところが出てきました。それは膝立ちという課題です。脳性マヒ児者の訓練では、重度で寝たきりの子でもその目指すところは、自分で立てるように、歩けるようになってもらいたいということ。そこで、寝たきりだった子

が、お坐りができるようになったのでさあ立たせたいというのに、そこからすぐに立位を訓練しようとしても失敗ばかりでどうしても立位に入ることが、やっと閃いたのが膝立ちでした。いろいろ試しながら困って、やっと閃いたのが膝立ちでした。これができるようになってから、立位訓練がほとんどの子にもできるようになったという訓練史上に忘れることのできない重要な位置を占めています。本書では、膝立ちが、高齢者には腰がほとんど崩れやすくて危険なのでそれを採らないように述べられています。もし崩れるようなら、そうならないような補助・介助の仕方を研究して、確かな安全の援助法も付け加えてもらいたいのです。股関節や腰周りがしっかりしていないのに、膝や足首・足裏の踏みしめ・踏みつけが安定してできるようになるというのは、よほどしっかり動ける高齢者に限られると思われるのですが、腰は上半身とそれを支える下半身とを繋ぎ、上下を通して、地球の重力へしっかり対応できるため、全身に強靱で柔軟な一本の心棒（体軸）を形成する極めて重要な部分ですから、私たちは高齢者以外の人たちにも一般的に、この膝立ちを重視して腰周りをしっかりできるようにするため、骨盤を中心にした股関節の屈め・伸ばし、左右での重心移しと、骨盤上部の腰から背中にかけて体軸の力が入るように、膝から上半身全体の体軸立ての練習をやはり重要な課題にしています。この点をご検討いただき、再版のときまでに入れるか否かを改めて決めてもらいたいものと期待しています。

いずれにせよ、幸いにして私たちの動作法が、専門的な心理療法としての動作療法をはじめ、青少年から高齢者にいたるまで年齢を問わず、こころに不安や悩み、迷い、引きこもりなど心理的な問題を抱え

て援助を求める人から、肩凝り・腰痛、四十肩・五十肩、股関節や膝関節足裏などに突っ張りや痛みを持つ人、スポーツや芸能・ダンスなどで過剰な緊張や偏った動き、慢性的な萎縮や痛みなどを持つ人のために、心理臨床の現場で臨床心理的な援助に関心を持つ臨床心理士や内科・心療内科・精神科の医師や、スポーツ・芸能の指導者などの間で、実際の治療や訓練、練習の効果が著しいとして、高く評価されるようになりました。それに伴って、動作法を学ぼうとする仲間たちが最近目立って増えてきたので、本書はその人たちのために必要・有用な手引書、拠り所として広く推薦するに充分な本といってはばかりません。

書名は『高齢者動作法』ですが、練習法モデルに高齢者の対象ではなく、ピチピチのお嬢さん方を用いているのは、まさしく動作法の対象は年齢を問いませんよと言外に訴えながら、動作法へのやる気を誘う著者独特の工夫だったのでしょう。本書を入門の手掛かりにして、動作法に馴染み、技法を深め、読者の皆さん方が広く動作法を身につけることで、ご自身のためにも援助を求める人のためにも、しっかりと応えられるようになるため、本書が充分にその役割を果たすことを信じて、序文といたします。

2012年　立春の日の陽光を浴びながら

九州大学名誉教授

成瀬　悟策

はじめに

まず、はじめに、恩師である成瀬悟策先生に深く感謝の意を表したい。成瀬先生には、学問的な指導だけではなく生き方においても、あるときは直接的に叱咤激励いただき、あるときは進むべき指標としての背中を見せていただき、今日まで温かくご指導いただいている。本当に言葉にはできない感謝の気持ちを抱いている。今回、高齢者のこころのケアを視点に動作法をまとめるにあたり、私よりからだが柔らかく、私よりからだの軸がしっかりしている成瀬先生を思い浮かべながら、健康とは心がけ次第、自己コントロール次第で、高齢者だからといって周囲も本人自身も過保護にせず、能動的に生きることを一つのテーマに据えることにした。また、催眠の大家である成瀬先生からは、私が大学院生の時代から意識・無意識のおもしろさを教えていただいている。本書では、本人が無意識的に入れている「力み」をとることも、テーマの一つにさせていただいた。

近年、高齢者に対するタッチケアなどの、身体に働きかけるこころのケア技法が注目されるようになってきた。しかし、それらの技法は動作法とは異なり、援助者が被援助者にしてあげることが基本であり、「被援助者の主体性・能動性を引き出す」という視点はない。また、身体がリラックスすると気持ちが良いから心理的にもリラックスする、人間関係も良くなる、というリラックスの結果としての効果の発想が基本であり、動作法のように、被援助者本人の気づきや努力、それに伴う主体の活動の仕方の変化、といったその技法を行っているプロセスで得られる心理学的な効果の視点もない。すなわち、被援助者本人が、動作のプロセスのなかで能動的に活動の仕方を変えていくことを支援する技法である動作法は、きわめて独特な技法であり、援助者によるリラックス技法とは一線を画す本格的・本質的なこころのケア技法といえる。現在、資格や制度・施策上の理由で、高齢者分野における心理学的支援は普及しているとはいえない現状があるが、高齢者人口がますます増加していくわが国において、高齢者のこころのケアの実施体制を整備することは緊急の課題である。動作法の果たすべき役割も、今後高まってくると期待される。

本書では、第1章でこころのケアの視点について解説する。この章ではまず、こころのケアに関する定義、こころの定義、からだの定義を行い、体験の仕方や支援対象者のとらえ方に関する解説を行う。現在の高齢者介護におけるこころのケアの位置づけの現状についても述べる。

第2章では、動作法の理論を解説する。動作法は、成瀬悟策先生が開発したわが国オリジナルな心理臨床技法であり、その理論も成瀬理論と呼ばれるものである。ここでは、成瀬理論に基づきながらも、著者の実践経験を通して得られた知見を加味して解説する。特に、無意識的な力みをとることに力点を置いた解説については、先輩諸氏のご批判を期待するものである。

第3章では、動作法実施にあたっての具体的な方法を示す。可能な限り写真などを多用してマニュアル的解説を行い、初心者にもわかり

はじめに

やすい解説にしたつもりである。

第4章では、高齢者に動作法を適用する際の諸課題について、実践に基づき具体的に解説する。実践事例については、筆者が指導している現場の実践者から寄稿していただいたものを、3点掲載する。

本書は、特に初心者が動作法を実施するうえで参考となることを念頭に置いて執筆した。タイトルどおりに、内容も高齢者への適用を考えてのものであるが、動作法は対象を選ばない普遍性を持つ技法であり、高齢者以外の対象に動作法を適用する際にも、応用可能な内容であると考えている。

本書の執筆・出版にあたりご指導とご尽力をいただいた成瀬悟策先生に、あらためて深く感謝申し上げたい。動作課題や技法の開発にあたっては、坂上頼子さん主宰のオフィス『かけはし』の動作法研究会、および鈴木順子さん代表の所沢臨床動作法研究会の皆さんにお世話になった。研修会であるにもかかわらず、ときどき思いつきで実験的なことをいろいろとお願いしていることをお詫び申し上げるとともに、御礼を申し上げたい。また、事例原稿を寄稿していただいた、新所沢清和病院の鈴木順子さん、川瀬里加子さん、同僚である日本社会事業大学の岸野靖子さん、写真モデルと撮影をしていただいた日本社会事業大学大学院博士課程の朴昭姸さん、鄭春姫さん、安瓊伊さんには、紙面を借りて感謝申し上げたい。いつも支えていただいていると感じている鶴光代先生、安好博光先生、針塚進先生、丸山千秋先生をはじめとする成瀬門下の諸先輩方、そして日本臨床動作学会の皆様にも深く感謝申し上げたい。

最後に誠信書房代表取締役社長柴田敏樹氏、編集部の松山由理子氏、中澤美穂氏には快く出版をお引き受けいただき大変お世話になった。こころより感謝申し上げたい。

平成24年 弥生

日本社会事業大学

中島 健一

目次

巻頭に寄せて——成瀬悟策 i

はじめに iv

第1章 高齢者動作法の背景 1

第1節 こころのケア 1
1 こころのケアとは 1
2 こころの定義 2
3 からだの定義 2

第2節 体験の仕方 3
1 体験内容と体験の仕方 3
2 体験の仕方 3

第3節 対象のとらえ方 4
1 生活全体を把握する視点 4
2 主人公としての被援助者 5

3 認知症高齢者のとらえ方 6
4 良い安定と悪い安定 8

第4節 高齢者介護におけるこころのケア 9
1 高齢者介護の専門性 9
2 制度に位置づけられていないこころのケア 10
3 重層的なこころのケア 11

第2章 動作法の理論 12

第1節 動作と動作法 12
1 生きている実感と動作 12
2 からだとこころの関連の実際 13
3 猫背の増加 13
4 ストレス性の腰痛 14
5 動作とは 15
6 動作法実施にあたっての仮説 16

第2節 動作法における体験課題　16

1　結果ではなくプロセス　16
2　動作課題と体験課題　17
3　無意識動作と意識動作　17
4　動かなさ・痛みの正体　19
5　力みとり動作法　21
6　慢性緊張が強い部分における力みとり　22
7　ゼロリラクセイションと力みとりリラクセイション　23
8　慢性緊張部分ではない力みとり　24
9　一時的力みとり体験課題の例　25
10　軸作り動作法　31

第3節 動作法の進め方と効果　32

1　動作法による体験の仕方の変容　32
2　援助者が行う援助　32
3　目的を明確にすることの大切さ　33
4　基本的導入方法　34
5　こころのケアを求めていない人への導入　35
6　動作法の展開　35
7　課題設定と効果　36

第3章　動作法の実際

第1節 肩・胸周り（肩胛骨）の動作　39

1　基本解説　39
2　肩胛骨の動作　41
3　援助者の働きかけ方　43
4　手続きの例──肩胛骨回し上げ下げ　43
5　手続きの例──肩胛骨の背骨軸開き　58
6　手続きの例──肩胛骨の体側回し　61
7　手続きの例──胸板立て　64

第2節 背中周り（背筋伸ばし・縮め）の動作　66

1　基本解説　66
2　背筋伸ばし・縮め動作　66
3　手続きの例──前屈背筋伸ばし・縮め　66
4　手続きの例──ペコポコ　73
5　手続きの例──振り返り　75
6　手続きの例──パタパタ　76

第3節 坐位での骨盤の動作と軸作り　79

1　基本解説　79
2　手続きの例──骨盤を立てての軸作り　79
3　手続きの例──軸を作ったうえでの骨盤の動作　82

4 手続きの例──片尻で座る軸作り　83

第4節　立位・歩行動作　84

1 基本解説　84
2 立位・歩行動作　85
3 手続きの例──股関節伸ばしと骨盤の回転　85
4 手続きの例──直立踏みしめ　87
5 手続きの例──膝の出し曲げ　90
6 手続きの例──半歩出し乗り　91
7 手続きの例──歩行　93

第5節　コミュニケーション動作　94

1 基本解説　94
2 手続きの例──ET　95

第4章　高齢者への適用　97

第1節　高齢者の特徴と動作法　97

1 高齢者を特別な存在とは見ない視点　97
2 動作法の位置づけ　98
3 動作法の導入と課題設定　98
4 認知症の高齢者　99
5 暴力をふるう認知症高齢者　100
6 わめき散らす認知症高齢者　103
7 鬱状態の高齢者・拒否する高齢者　103
8 できているのにわからない高齢者　105
9 高齢者の歩行の特徴　106
10 常同運動をする高齢者　107
11 骨密度への配慮　107
12 身体的理由を口にする高齢者　107
13 脳卒中後遺症による肢体不自由高齢者　108
14 集団と個別の動作法　110

第2節　高齢者動作法の実際　111

事例1　入院中のアルツハイマー型認知症の女性に臨床動作法を短期に導入する試み──その効果と問題点の検証　112
事例2　高齢者動作法の記録の仕方の紹介　122
事例3　健康動作法の会の概要と効果──Yさんの事例を通して　131

参考文献　140

第1章　高齢者動作法の背景

動作法は、からだ（動作）には、からだの持ち主である主体の活動の仕方が表れていると考え、動作の仕方を変えていく努力のプロセスにおいて、動作以外にも通じる主体の活動の仕方が変わっていくと考える理論に基づく臨床心理学技法である。その適用は乳幼児から高齢者までと幅広く、目的も肢体不自由児・者の動作改善から、鬱病・統合失調症者への心理療法までと幅広い。

本書では、高齢者動作法として、心理的に不安定・不活性になっている高齢者へこころのケアとして適用されることを念頭に置いた動作法を紹介する。高齢者動作法の実施者は医師、看護師、心理職、介護職、福祉相談員などさまざまな職種が想定されるが、本章ではまず、高齢者保健福祉の現場でこころのケアとしての動作法を実施する際の基本視点を述べる。

第1節　こころのケア

●●●　1　こころのケアとは　●●●

こころのケアは、「心理的不調に対する予防を含めた手当て」と定義できるが、あくまでケアであり、医師による投薬などの医行為としてのキュア（治療）は除外される。

新聞記事などでは、こころのケアは、心理療法を柔らかく表現したものとして同義に使用されることも多い。「心理療法」は、使用される現場によってケアにもなりキュアにもなるが、セラピストという心理専門職による、対象・時間・実施場所・手法を限定したものである。一方、「こころのケア」は、本人が行う自分自身へのケアも含むように、実施者・対象・時間・実施場所・手法の限定はない。すなわち、こころのケアは心理療法とは同義ではなく、心理療法を部分集合

としたより幅の広いものと考えるべきである。

こころのケアの目的は、最もシンプルには、「心理的な安定と前向きな活性化」ということができる。ストレスなどのさまざまな原因により不安定になっている心理状態を安定させ、前向き方向へ活性化させることが目的となる。その実施者は、①自分自身、②家族やボランティア、③心理療法の専門家ではないが対人援助の専門家（看護師・社会福祉士・介護福祉士・精神保健福祉士・作業療法士など）、④医師・臨床心理士などの心理療法の専門家、という四つのレベルが考えられる。内容としては、予防的レベルから回復・改善を目的とするレベルまでがあり、①生活環境の整備、②日常生活のなかでの取り組み・働きかけ、③特別に設定されたセラピューティック・アクティビティや心理療法、が考えられる。

2 こころの定義

からだとこころは、「心身」あるいは「身心」と、横並びに表記されることが多い。すなわち、「身体（肉体）」という存在に対し、「心」という存在があるかのようにとらえられている。しかし、本書では、身体という存在に対しては、精神体としての自分であり、「おれ・わたし」として意識する「主体」の存在を仮定する。そして、心は存在ではなく主体の活動の仕方としてのソフトであると考え、「こころ」と平仮名で表記する。

これは、脳の活動にかかるソフトという生理学的位置づけではなく、「主体」という心理学的存在の心理学的活動の仕方にかかるソフト、という位置づけである。すなわち、「こころの状態を変える」とは、「主体の活動の仕方を変える」と定義する。ソフトである「こころ」は、構造、機能、相互作用を持ち、個人特有の性能やパターンがあり、好不調やバグもあると考える（図1）。

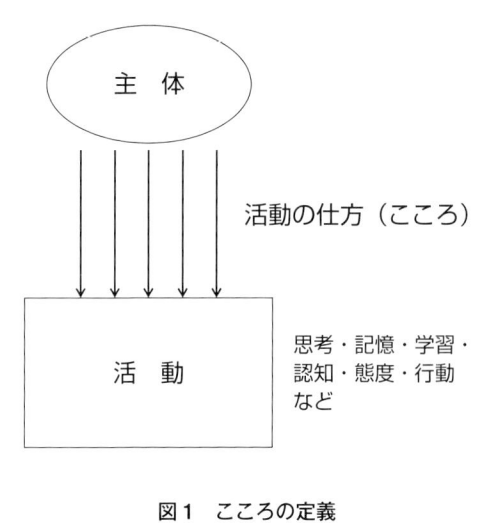

3 からだの定義

一方、身体については、筋肉・骨格・血液・神経などの生理学的存在である身体（いわゆる肉体）とは区別し、精神体としての自分である「主体」および、その活動の仕方である「こころ」を内包するものとして位置づけ、「からだ」と平仮名で表記する。すなわち、身体は単なる物体であり、死亡しても身体は身体であるが、「からだ」は意

図1　こころの定義

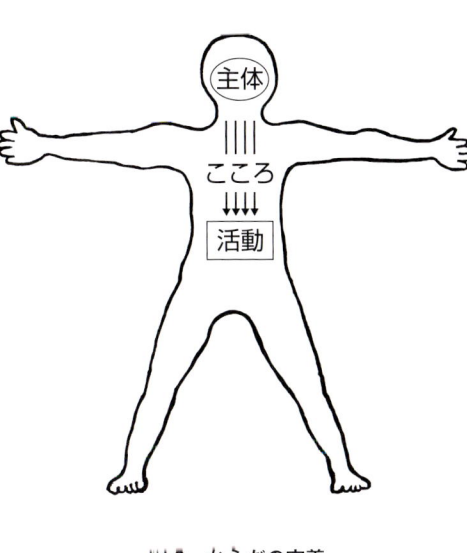

第2節 体験の仕方

識・無意識的な主体の活動の仕方である「こころ」と切り離すことはできず、生きている人間の自分を構成する要素、あるいは自分そのものである（図2）。

図2　からだの定義

1 体験内容と体験の仕方

主体の活動については、たとえば、物事を記憶するのも活動であるし、学習したり思考するのも活動である。本を読んだり、買い物をしたり、寝たり、スポーツをするのも活動である。頭をかいたり、爪を噛むのも活動である。このように、活動の内容は、微妙な違いを区別するならば無限にあるといえる。これを体験の「内容」と呼ぶならば、体験の内容も無限にある。

しかし、このような主体の活動の仕方には本人なりの「パターン」があり、さまざまな場面での思考や行動などにそれは現れている。すなわち、主体の活動の仕方のパターンはそれほどに多いものではなく、活動の内容はさまざまであっても、パターンは同じであることが多い。たとえば、引っ込み思案なパターンを持つ人は、人づきあいにそれが現れるだけではなく、買い物の仕方や人生目標の選び方、日常生活のリズムなど、その人のさまざまな主体の活動にそれが現れている。これを「体験の仕方」（体験様式）と呼ぶことにする。

主体の活動の仕方のソフトとしての「こころ」の状態を変える際の視点として、援助者は、主訴（本人の訴え）や問題とされる行動などの体験内容それ自体にとらわれることなく、その人の体験の仕方（いくつものパターン）をとらえることが大切である。

2 体験の仕方

主体の体験の仕方は、認知の仕方、処理の仕方、行動の仕方の、三つに分けてとらえることが簡便であり、わかりやすい。

体験の第一段階として、「認知の仕方」がある。認知とは物事をとらえることであるが、各個人が持っている固有の認知フィルターを通して行われるものであり、独自性と傾向がある。たとえば、車の運転中に後続車がうるさくクラクションを鳴らしたとする。これを攻撃さ

れているととらえるか、急いでいるのだなと気の毒に思うか、陽気な人だなと楽しく感じるかは、人それぞれである。このような認知の仕方については、本人の性格や経験をベースとして、「いつものパターン」といえる傾向があるが、処理の仕方や行動の仕方は、変わりやすいといえる。クラクションの音に敏感な日本人であっても、中国や東南アジアの道路を走り慣れると、四六時中意味もなく鳴らされている他車のクラクションは気にもならなくなる、という認知的変化が生じる。

体験の第二段階として、「処理の仕方」がある。処理とは、認知したことを行動に移す前に行う、方略・方法の選択などの内的活動であり、これにも独自性と傾向がある。後続車のクラクションを、気が短い後続運転手による自分への攻撃であると認知したとする。それに対して、無視する、道を譲って先に行かせる、加速して逃げる、車を止めて注意しにいく、などの処理が行われる。このような処理の仕方について注意しにいく、単なる認知をベースにした「いつものパターン」といえる傾向があるが、本人の性格や経験をベースにした「いつものパターン」といっても、本人の性格や経験をベースにして体験の仕方よりも変えることは難しい。

体験の第三段階として、「行動の仕方」がある。行動は、認知し、処理したことに従って、実際にからだを使って対応することであり、これにも独自性と傾向がある。先の例だと、後続車のクラクションを攻撃と認知し、車を止めて注意しにいこうと処理したとしても思わず道を譲ってしまうように、行動の仕方の「いつものパターン」については、認知、処理以上に変えることが難しい。

体験の仕方に関しては、からだが動いて外界（現実）との関係が生

じる「行動の仕方」の、いつものパターンが変わったときに、最終的に変化したということができる。そこまで至らない場合は、「わかってはいるのだけれどもできない」という、「思っているだけ」の状態にとどまることになる。

第3節　対象のとらえ方

●●●　1　生活全体を把握する視点　●●●

従来のこころのケアに欠けがちなことは、被援助者の生活全体を把握する視点である。これは、心理療法が医療現場で発達してきた歴史によるとも考えられるが、あたかも薬の投与的にセラピーを実施して、悪い部分を治すという発想のアセスメントでは、被援助者が自ら営んでいる生活全体を把握することはできず、生活環境・生活内容・生活体験の全体像や、そのバランス、あるいは問題とされる行動などに相互作用の負の部分だけをとらえるアセスメントではなく、本人が主体性・能動性を発揮している行為・行動、生活の各内容の流れ・つながりなどを、生活全体という視点でとらえるアセスメントを行うことによって、主体の活動の仕方のパターンやその不具合、および解決の方向性を考える手がかりが得られることが多い。

生活環境については、居住地域・住宅構造などの物理的環境、家

族・友人などの人的環境、受けることができる公的支援などの法的環境、収入・貯蓄などの金銭的環境などがある。もちろん、無遠慮に収入・貯蓄を詳細に尋ねるようなアセスメントを行うべきではないし、いきなりすべての生活環境を把握しようとすべきではない。しかし、どのような環境で生活を営んできた人なのか、営んでいる人なのかを把握することなく、その人をとらえることはできない。

生活内容とは、普段何時ごろに起床しているか、毎日散歩に出かけている、趣味としてジグソーパズルに凝っているなど、生活を構成している要素・リズムなどである。主体の活動の仕方としては、生活自体の自由度、主体性・能動性の発揮具合、生活内容の流れ、生活内容間の相互作用、日常的生活内容のなかへの非日常的生活内容の比率、などが視点となる。

生活体験とは、そのような生活内容において、本人がどのような体験をしているか、ということである。商店街に買い物に行くという生活内容は同じであっても、生活必需品を入手するという目的に重きを置いている人もいれば、外出を楽しむことに重きを置いている人もいる。魚屋の店主と会話を交わすことが楽しみ、という人もいる。そのような意味では、「週に1回2時間ほど商店街に買い物に行く」というう生活内容を把握・記録するだけでは、アセスメントとしては不十分であり、どのような生活体験をしているかを、ズレ少なく推察する必要がある。

また、生活のなかにどのような感情が生起しているか、あるいは欠けているかの視点も重要である。たとえば、現実的な好奇心が発揮されない・発揮できない生活は、硬直した生活と考えることができ、明日を楽しみにすることなく今のみしか感じられない生活、過去のみを見つめる生活、逆に空想的な未来のみを見つめる生活、となりがちである。他者に対する感謝や親和感が生起しない生活は、たとえ大勢のなかで生活していたとしても、孤独な生活といえる。一方、ほどほどの負の感情がまったく生起しない生活には、自信の低下、自己効能感・優越感がまったく生起しない生活には、自信の低下、自己効能感・優越感がまったく生起しない生活には必要であり、過保護な環境でありすぎると、負の感情をバネにした活動が生起しにくくなる。

動作法も、このような生活全体を見据えた「生活プラン」（他者援助のみの計画である「ケアプラン」とは区別する）のなかに位置づけられ、その役割・目的が明確にされるべきである。

●●● **2　主人公としての被援助者** ●●●

いうまでもなく、個々人にとっての現実世界は客観的世界ではない。夢や空想の世界との違いは、物質の存在と客観的時間の存在だけであり、現実世界は個々人の認知によって構成される主観的世界である。そのような主観的世界において、人は皆、自分を主人公とする人生ドラマを紡いでいる。映画でも小説でもそうであるが、主人公には主人公を成立させる要素というものがある。以下のような特徴が考えられる。物語の主人公であれば通常は、以下のような特徴が考えられる。

（1）その人を主人公とする物語は、変化の楽しみや未来への期待を伴って進行する。

(2) 主人公は、前向きな好奇心を持って、自己決定権のもとに主体的・能動的に行動する存在である。
(3) 主人公は、ときどきはスポットライトを浴びて、他者から肯定的な評価を受ける存在である（結果として、有能感、効能感、自信、自己存在感などを感じる）。
(4) 主人公には、信頼できる脇役がそばにいる。
(5) 主人公は、所属感・帰属感ある集団に属している。

生活プランのアセスメントにおいては、被援助者が主人公でいるためのこのような要素のなかで、欠けてしまっているものがないか、という視点が必要である。

● ● ● 3　認知症高齢者のとらえ方　● ● ●

こころのケアを実施する際には、対象が青年であれ高齢者であれ、障害がある人であれ、表面化している悩みや問題とされる行動などの内容にとらわれて、それ自体への対処を考えるのではなく、それが生起している心理学的背景に目を向けることが大切である。このような視点は、臨床心理学の分野ではきわめて常識的な視点であるが、医療や福祉の分野では必ずしもそうではなく、自由を奪うなどの対処的処置に奔走し、それが被援助者を苦しめたり人権を侵害したりしている現状がある。

図3は、認知症がある高齢者のとらえ方を示したものである。認知症は、図3の最下端にあるように、〈器質的・医学的原因〉がある疾病である。それを原因として、ご飯を食べたこと自体を忘れるのような、記憶の全体的欠落などの〈認知症の基本障害〉が生じる。その結果として、自分が構成している認知世界と他者が構成する認知世界のズレや、不連続性や、コミュニケーションの障害が生じる。

認知世界とは、先に述べた個々人が現実と感じている主観世界のことであるが、認知症でなくても他者とはズレがあり、ときにそれを原因とする摩擦が生じる。しかし、認知症でない人のズレは、小さかったり自己修正可能であったりすることが多い。少なくとも、今話している相手が誰であるか、ここはどこであるかなどの見当識レベルではズレは少ないことから、社会生活を営んでいける。

一方、認知症がある人の場合は、このズレが大きい。自分がこうであると信じて疑わないことが通用しない世界で生活しなければならない状態にあり、ストレスは増大する。また、なぜ自分は今ここにいるのか、どうやって来たのかなどがわからないという記憶の欠落による不連続性は、不安を増大させる。

このようなきわめて不安定な心理的状態において、閉じ込め・抑制などの行動の制限、殺風景な住環境のなかでの、仕事・買い物・調理などの日常生活行動のない単調な生活、訴えをはぐらかしてごまかす応対、独立した一人前の大人として扱わない応対のような「不適切な環境・不適切な対応」がなされると、戸惑い、不安、不信、否認、プライドの損傷、いらだちなどを感じ、さらにストレスは増大する。

そのようにして繰り返されるストレスの増大は、自信の低下、他者に対する信頼感の低下、自己存在感の低下、現実感の低下、主体性・能動性の低下、焦燥感、怒り、不安感などの、長期にわ

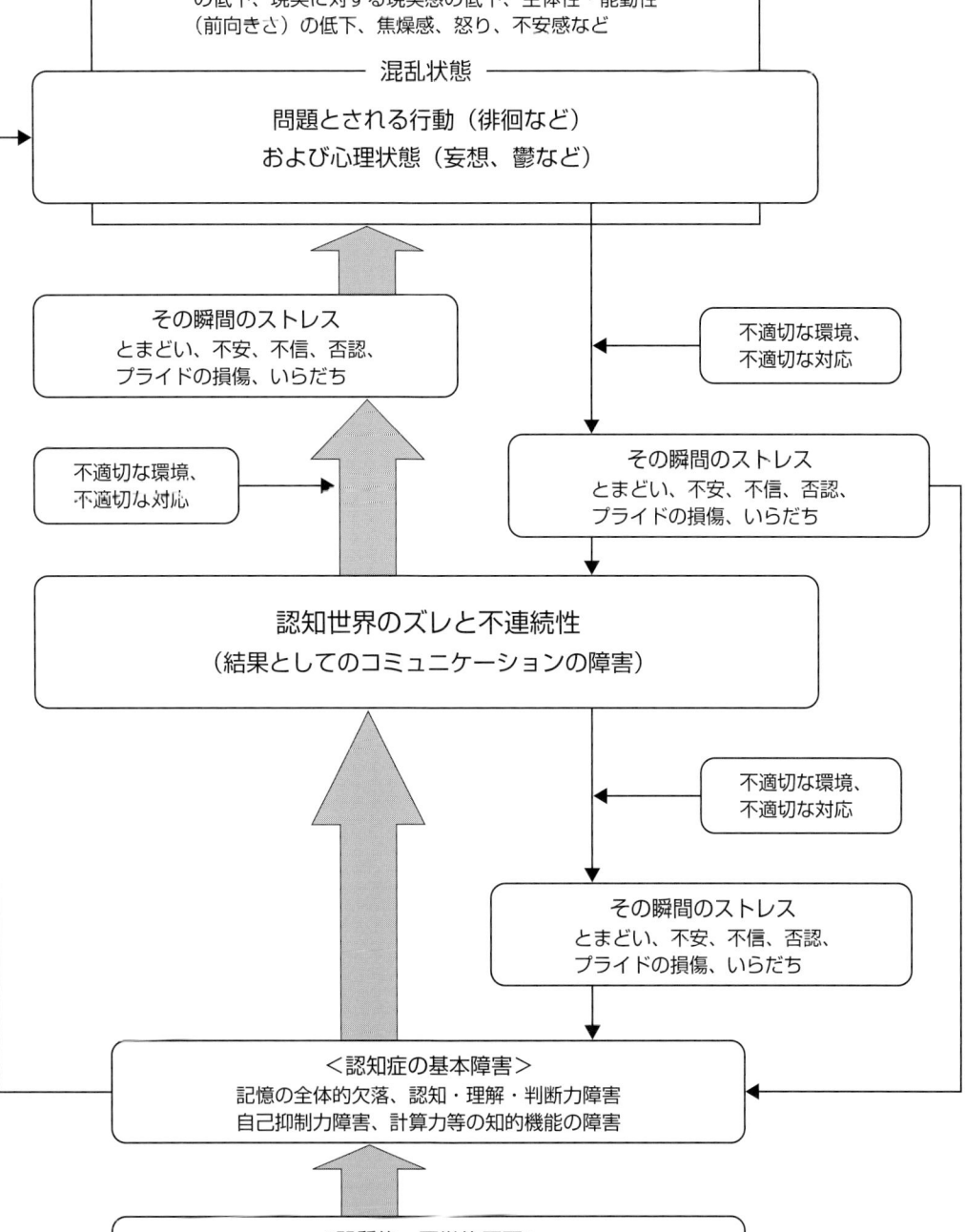

背　景

── 形成される長期にわたる固着した心理状態 ──
自信の低下、他者に対する信頼感の低下、自己存在感の低下、現実に対する現実感の低下、主体性・能動性（前向きさ）の低下、焦燥感、怒り、不安感など

── 混乱状態 ──
問題とされる行動（徘徊など）
および心理状態（妄想、鬱など）

その瞬間のストレス
とまどい、不安、不信、否認、プライドの損傷、いらだち

不適切な環境、不適切な対応

その瞬間のストレス
とまどい、不安、不信、否認、プライドの損傷、いらだち

不適切な環境、不適切な対応

認知世界のズレと不連続性
（結果としてのコミュニケーションの障害）

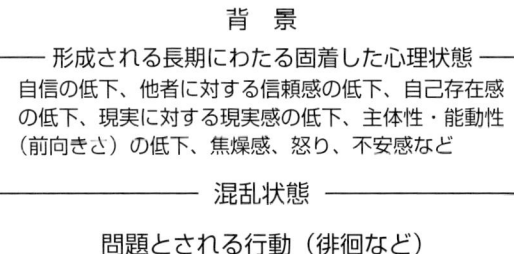

不適切な環境、不適切な対応

その瞬間のストレス
とまどい、不安、不信、否認、プライドの損傷、いらだち

＜認知症の基本障害＞
記憶の全体的欠落、認知・理解・判断力障害
自己抑制力障害、計算力等の知的機能の障害

＜器質的・医学的原因＞
アルツハイマー型認知症、脳血管性認知症など

図3　認知症のある高齢者のとらえ方

たる固着した心理状態を形成する。火の消し忘れによるボヤなどは、記憶障害から直接的に生じる問題といえるが、徘徊、暴力、叫声、異食、弄便などの問題とされる行動や、被害妄想、鬱などの心理状態は、ほとんどがこのルートで発生していると考えられる。これらは、さらにそれらに対して不適切な対応がなされることで増悪する、というループが描かれる。

「問題とされる行動や心理状態」は、認知症の二次症状、あるいは行動障害、最近ではBPSD（Behavioral and Psychological Symptoms of Dementia〈認知症の行動的・心理的症状〉）と呼ばれているが、「症状」「障害」、すなわち病気から直接発生しているものという印象の強い呼称は不適切であり、基本障害がある状況に置かれた人が不適切な環境や不適切な対応にさらされたならば、「人間として当然発生する不安定状況や行動」であると考える必要がある。

このような考え方は、つい最近まで、「心理屋さんはすぐ何でも心理的なものと結びつけたがる」「認知症は病気であって、そういう主張は世の中を混乱させるだけで困る」「証拠がないことを言うものではない」という批判を受け、特に精神科医にはまったく相手にしてもらえなかった。しかし、グループホームの取り組みや、こころのケアの事例報告などをエビデンスとして、現在では認知症に対するとらえ方もずいぶん変化してきつつある。

なお、ここでは認知症を例に挙げて解説したが、このような対象のとらえ方には、こころのケアの対象のとらえ方として、基本的な視点がすべて含まれているといえる。

●●● 4　良い安定と悪い安定 ●●●

介護老人福祉施設などの施設に入所した当初はおとなしかった高齢者に、問題とされる行動が見られるようになることがある。これは、ストレスが原因と考えられる。一方、問題とされる行動が見られなくなった人が、おとなしくなることもある。一言もしゃべらなくなった、能動的・積極的行動が見られなくなったなどの場合は、介護職員も被援助者が良い状態になったとは思わないが、とりあえずの日常生活行動はあり、従順に生活するようになった場合は、落ち着いた、良い状態にかがわれる。しかし、よく観察してみると、ルーティン化された日常生活行動に従順に従っているだけであり、心理的エネルギーが低下していると感じられることが多い。これは、ある意味の適応ということができるかもしれないが、背景にはあきらめや絶望感があり、主体の活動の仕方としては、柔軟性を失ってしぼんでしまっているこころの状態像がうかがわれる。このような人に、散歩などの何か新しいこと、普段行われないことにのってこないで拒否することが多い。

こころのケアの目的は、「心理的な安定と前向きな活性化」であり、前向きな活性化を伴わない安定は、その人の心の状態を固くしぼませてしまっている、ととらえる必要がある。また、活性化についても、安定を伴わない活性化は本人にも周囲にも負担が大きく、心理学的に好ましくない状態といえる。

現在の多くの高齢者、特に施設で生活をしている高齢者は、生活の

第4節　高齢者介護におけるこころのケア

●●●● 1　高齢者介護の専門性 ●●●●

高齢者介護についてはいまだに、誰にでもできる専門性の低い仕事、という認識が強い。専門性を、「行為と結果」の「行為」における、知識・技術の特殊性・高度さであるとするならば、行為に専門性は存在するが、「結果」の重大性の認識によって、多くの人が専門性を認めるか認めないかが決まる側面もある。たとえば、洗車のプロが専門性を主張したとしても、「車を洗うことは誰にでもできる。ある程度きれいになればそれでよい。たとえ少しぐらいきれいに洗うことができてもだから何だ」と感じる人が大多数を占める世の中には、その専門性は認知されづらい。医師については、命を扱う仕事であるから専門性がなければならない、と認知されている。車の整備についても、事故が起こっては困るので専門性がなければならない、と認知されている。したがって、高齢者介護に関しては、生かされていることと活力を持って生きていることの違いに対する、世の中一般の認識を、変えることが必要である。

一方、専門性の質を考えるならば、たとえば、「ある薬を処方すればこの症状が治まる」のように、行為と結果の対応が単純な医師よりも、行為と結果の対応が一対一ではなく多様・複雑であり、知識・判断・技術の選び方、組み合わせ方、使い方が難しい介護職のほうが、高い専門性が求められると考えることもできる。行為と結果の対応が一対一ではないだけに、事例経験を積み上げて、使えるものを入れた「引き出し」をたくさん持っておく必要がある。

有効な「引き出し」を数多く作るためには、責任を持ちつつ、失敗を恐れないで、常にトライを重ねる姿勢が必要である。支援対象者の生活全体を視野に置いて、ゴールを見据えた支援と支援しないことのプログラミング能力が求められる。ルーティン化した仕事を惰性で行っていては、この「引き出し」は増えていかない。

事例経験の記録においては、「その人らしさ」「尊厳を支える」「寄り添う」などの、高齢者介護業界で好んで使用される曖昧な用語の使用は控え、科学性のある用語を使用して、エビデンスとしての実証性を担保しなければならない。

2 制度に位置づけられていないこころのケア

介護保険制度における高齢者の生活環境としては、介護老人福祉施設の個室化も、予定どおりには進んでいない。人間には、「自分のもの」という意識を持てるものが必要であり、特に個室は活動の拠点、プライベート空間として、安心・安定・自立心など、心理的にもその果たす役割は大きい。隣に寝ている人の立てる音が気になったり、自分が音を立てないように気にするようではストレスが溜まるし、気にしないようになってしまっては、社会人としてのこころの状態の何かが壊れてしまったことになる。

また、相変わらず施設内の閉じ込めが改善されておらず、また、自宅で介護を受けている高齢者への外出支援もなされていない。人は居住建物の近辺を移動することによって、頭の中にマップ（認知地図）が形成され、安定するものである。車で施設に連れてこられて、フロアに閉じ込められて、一歩も外に出してもらえない認知症高齢者が脱出しようと徘徊するのは、認知症だからではなく、人間として当然の行動である。もちろん、認知地図うんぬんの前に、人間にとって外気を吸うことの心理的意義は大きい。しかし、障害者福祉にはある外出支援サービスは高齢者福祉にはなく、介護保険制度の訪問介護員も、散歩や野球観戦のような余暇を目的とする付き添いはしてはならないことになっている。

高齢者介護のサービス体系も、いまだに「在宅サービス」「施設サービス」という相互乗り入れを許さない二分化された体系が、旧態然

として存在する。施設はマンションのようなものであるという発想も、利用者の生活の場は地域であるという発想もなく、施設利用者の多くは地域とは切り離されて生活している。

ケアの概念や援助の実際においても、こころのケアは心理療法だけではなく、生活環境・生活内容・生活体験のすべてにかかわるものであり、本来、一つ一つの生活支援のなかに、こころのケアの視点と内容が含まれていなければならない。しかし、残念ながら介護保険法によるケアの概念には、こころのケアの観点がほとんど含まれていない。介護保険制度のサービス品目に、こころのケアに特化した品目はない。入所施設における援助内容に、こころのケアを実施しなければならないという規定もない。

認知症高齢者のグループホームや小規模多機能施設では、生活・生活感を重視したケアを実施している所もあるが、あくまで事業者の理念や個性に任されているだけであり、リスクのある自由を制限して、グループホームを安全管理・生命維持重視で運営しても、法的・制度的には何も問題はない。

このような状況では、施設職員は、してもしなくてもまったく評価されないこころのケアは二の次であり、積極的に行おうとも思わないし、ギリギリの人数しか配置されていない現状では、そのようなことに時間を割く余裕もない。同僚や上司の目を気にする必要がない訪問介護員のなかに、ケアプランには含まれない動作法を利用者の同意を得てこっそり実施したり、こっそり散歩に連れ出す者がいる程度である。

生命の維持と、リスクを避けた安全管理のみを重視する高齢者介護

の現状は、何を絶対に実現しなければならないのかという発想において、人間の生活を心理学的に見つめる視点が欠如しているといえる。

3 重層的なこころのケア

以上、本章ではこころのケア、および関連する視点について述べてきたが、こころのケアは重層的な視点を持って実施されるべきである。繰り返しになるが、被援助者については、主訴や問題だけを見るのではなく、生活全体をとらえ、背景となる心理状態をとらえることが必要である。

施設において、単に「週に1日1時間、動作法の時間を設けました」「月に1回、スーパーマーケットに買い物に連れ出すことにしました」というだけでは、こころのケアを実施しているとはいえない。こころのケアの意味は薄い。本人の気分、気持ち、感情の流れまで配慮した生活プランを、本人とともに組み立て、かつ柔軟に組み直し、安定と前向きな活性化を主眼に置いた生活体験が得られるような生活環境・生活内容を整備することこそが、高い専門性といえる。

そのとき、大きなストレスは取り除き、小さなストレスは前向きなエネルギーとなるという視点が重要であり、自己決定・自己責任を原則とするならば、すべてを用意し世話をするという「過保護な援助態度」は、むしろ慎まれるべきである。

一方、基本生活をこころのケアに配慮して整えたとしても、たとえ障害もなく自宅で不自由なく暮らしている若者であっても、人間は心理的な不調に陥ることがある。そのときは、不調の原因や程度によって、特別なケアが必要となる。じっくりと話を聞くだけでも解決するかもしれない。日常的な変化として、よいかもしれない。非日常の投入としてセッティングするだけでも、よいかもしれない。非日常の投入として、旅行に行くといったようなイベントが功を奏するかもしれない。

しかし、原因・程度によっては、専門家による心理療法の実施が必要となることもある。

動作法については次章以降に詳しく解説するが、自分で行うこともできるし、他者援助として行うこともできる。その気になれば、時間的・場所的制約も少なく、特別なケアである心理療法として用いることもできるし、日常的なケアとして予防的・自己治療的に用いることもできる、便利なこころのケア手法である。

こころのケアは重層的に行われるべきであり、手法や技法もさまざまであるが、人が生きることに直結した「からだ」を通して「こころ」に働きかける動作法は、健康高齢者のストレス軽減から、虚弱高齢者の介護予防、そして問題などが見られる認知症高齢者や、鬱状態の高齢者への心理的改善に最適なこころのケア技法として、より認知・活用されるべきと考えている。そして、動作法は、してもらう援助ではなく、本人が自ら取り組むことへの支援として投入されるべきである。

第2章 動作法の理論

動作法は、対象・目的に応じて適用されるものの、その理論や実施における技術的な基本は、変わることのない技法である。したがって、第2章、第3章では、初心の読者に向けて、高齢者への適用を念頭に置きつつ、著者の考える動作法の基本的解説を行う。

第1節 動作と動作法

●●●● 1 生きている実感と動作 ●●●

人が現実や自分の存在を実感するためには、動作が不可欠である。

乳幼児は玩具に触れることによって、それが固いのか柔らかいのか、押せば動くのか動かないのか、操作することで音が出るのか出ないのかなどを知る。また、自分のからだについても、届く届かない、押せる押せない、掴める掴めないなどの能力を知ることになる。乳幼児でなくても、動作することで実感・現実感を持てることは多く、たとえば、ビデオなどでスポーツ選手のプレイを見て自分もできる気になったとしても、実際に行ってみるとなかなか難しいことを実感する。スポーツにおけるイメージ・トレーニングについても、動作実感を伴わないイメージ・トレーニングは効果がない。

動作法の被援助者のなかには、現実よりも空想に現実感を感じている人がいる。寝ている間に見る夢もある意味で空想であるが、崖から落ちる夢を見て、思わず叫んでしまうほどの現実感を感じることもある。われわれが現実であると認識している世界も、実は主観によって構成されている世界であり、人物に対する認知、社会に対する認知、出来事に対する認知など、われわれが生きている現実世界をまったく同じように認知している人は、厳密には一人もいないといえるほど主観的な世界である。

では、どちらも主観的世界といえる空想・夢と現実の違いは何かといえば、客観的時間が流れていることと、客観的物質の存在だけとい

第2章 動作法の理論

ってよい。現実世界では、意識なく眠っていても、自分とはかかわりなく時間は経過する。「そこに壁はない!」といくら自分に言い聞かせてみても、そこに壁があるのならば歩けばぶつかる。ビルの屋上から飛び降りても着地できるが、現実では死んでしまうだろう。そして、このような時間の流れや物質の存在は、われわれが物質的存在としての身体を持ち、動作しながら生きていることによって、意味を生じている。身体や動作なしには、空想や夢と現実の区別は生じない。すなわち、自己および自己を取り巻くものに対する現実感(自己存在感や生きている実感などを含む)も、身体の存在や動作によって形成されるといえる。

また、一日に行う動作の数を数えてみるまでもなく、生活のすべてに動作がかかわっており、こころの不調は動作に現れ、生活のなかでどのような動作をするかが、主体の活動の仕方に大きくかかわってくる。

●●● 2 からだとこころの関連の実際 ●●●

こころの状態がからだに現れている例としては、ストレスによる胃潰瘍や心因性の頭痛や腹痛、あるいはパニック障害、などがあるが、本人が症状を意識し困っているという状態ではなくても、土体の活動の仕方はからだに現れており、以下のようなことが見られる。

◆心的な緊張が高く防衛している人は、からだを丸めた姿勢をとり、からだの緊張も高く固い。

◆気持ちに落ち着きがない人は、からだも落ち着きなく動かしていたり、ゆっくりしたからだの動きが下手である。

◆気持ちに柔軟性がない人は、からだの柔軟性が乏しく、しなやかな動きが下手である。

◆自分に自信がなく不安定な人は、からだに力みが生じており、大地に対してまっすぐな体軸を立てて、しっかり地面を踏みしめることが下手である。

◆心理的に不調になっている人は、からだの感じや動作の感じに注意が向かなくなり、変化にも気がつかない。また、力が入らなくなり、精緻な動作もできなくなり、結果として現実に対する現実感が薄くなる。

●●● 3 猫背の増加 ●●●

姿勢を、開いた姿勢と閉じた姿勢に二分するならば、開いた姿勢は四肢を開いた姿勢であり、外界の刺激を受け入れる姿勢といえる。気持ちの矢印が外に向かっている姿勢といえる。たとえば、ポカポカと気持ちの良い春の日に、そよ風の吹く草原に仰向けに寝転がっている姿勢がこれにあたる。ボーッとはしていても、雲の流れやヒラヒラと舞う蝶の姿を視界に入れている。閉じた姿勢は四肢を閉じて身を丸めた姿勢であるが、外界の刺激をシャットアウトし、気持ちの矢印が内に向かっている姿勢といえる。ロダンの「考える人」の彫像のように、身体を丸め思考に耽ったり、頭も下げて祈りに集中したりする。開いた姿勢は身体の重要な部分をさらけ出している姿勢であり、非

4 ストレス性の腰痛

高齢者・障害者に限らず、高校生・大学生にも腰痛持ちが増えている。そのような人の背中を見ると、通常は緩いS字を描いている背骨が、大きなS字を描いていることが多い。図4のように、背中を「肋骨のある背中部分」「肋骨のない背中部分」「その中間に、背中を「肋骨のある背中部分」「肋骨のない背中部分」「その中間部」の三つに分けることが、健康な状態といえる。

現代はストレス社会といわれているが、健康な若者であっても肩骨を前に突き出し、背骨の上部を丸めた閉じた姿勢に固着している、いわゆる猫背の人が増えている。街中で人の往来を観察しても、頭がからだの真上に乗っていない人が増えている（首が前傾し、頭が前方に出ている人が増えている）。

首が垂直であれば頭の重さは真下に抜けるが、首が垂直でなければ、けっこうな重量がある頭部を首筋と首の付け根で支えなければならないため、肩こりの原因ともなる。また、極端な猫背ほどに、肩・胸周りが固まっている人も多い。ストレスが姿勢に影響を及ぼしている典型例といえる。

防衛的姿勢である。そこを守っている閉じた姿勢は、防衛的姿勢である。胎児が母親のお腹の中にいるときは、四肢を曲げて脚を交差させ、身体の大事な部分を守っている。ボクサーが劣勢になって対戦相手に殴られるときも、身体を丸めて身を守る。

このような開いた姿勢と閉じた姿勢は、どちらが良い姿勢というとはない。防衛的で内向的な閉じた姿勢は悪い姿勢と思われがちであるが、そのようなことはない。内面に意識を向けて考えごとに集中したいとき、あるいは安心したいときに閉じた姿勢をとることは人間にとって必然であり、意味のあることといえる。むしろ、新しい集団に入り、活発で明るい自分を見せようと心身を開きすぎることで、無理が生じることがある。すなわち、状況や自分の性格などに応じて、「柔軟に開いた姿勢・閉じた姿勢を使い分けること」ができることが、健康な状態といえる。

図4 ストレス性腰痛の人の側面図

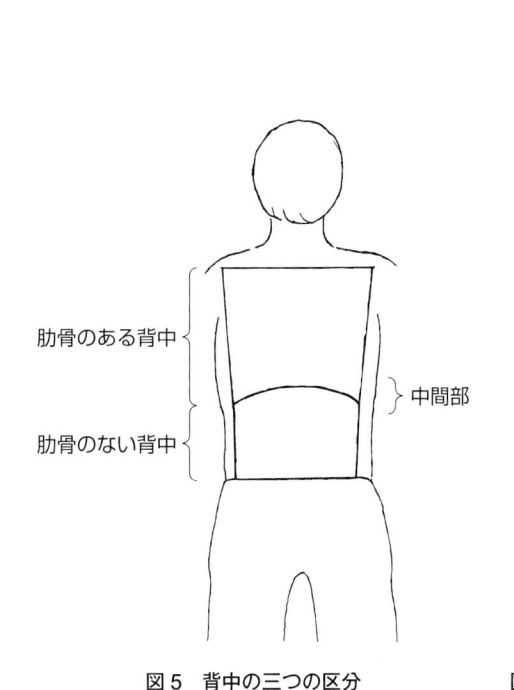

図5 背中の三つの区分

肋骨のある背中
中間部
肋骨のない背中

部分」の三つに区分すると、肋骨のない背中部分（ヘソの裏側）が大きく前に反っている。反りのある竹ひごを真上から押さえると、反りの頂点に圧力が集中して折れるが、骨盤の真上左右部分の背中に痛みが出ることが多い。これは、本人は腰が悪いと思っているが、実は猫背なのに頭を持ち上げているので、肋骨のない背中部分と骨盤を反らしてバランスをとらざるを得なくなっている結果、生じている腰痛である。

このように、猫背の人が無理に頭を持ち上げて、一見猫背に見えない姿勢をとっていることを「隠れ猫背」と呼ぶとすれば、その結果生じている腰痛は、ストレス → 猫背 → 腰痛という因果関係があり、「ストレス性の腰痛」ということができる。このような腰痛は、腰痛体操のように腰付近の筋肉を弛(ゆる)めたり、背筋(はいきん)・腹筋を強化するだけでは解決しない。肩・胸周りの慢性緊張を弛めて、正しい力の入れ方をつかむことで猫背を治し、多くの場合は股関節も屈になって伸びなくなり、膝も反張（曲げる側と反対に反っている）になっている（なかには背骨に側湾が生じていることもある）ことから、姿勢全体を自己修正することが必要である。

一方、肋骨のない背中部分の反りはたいしたことはなくても、背中を輪切りにしてみると、図6のように背骨の

両脇の脊柱起立筋(せきちゅうきりつきん)が、トタン板状に飛び出し波打っている人がいる。このような人も、応力が飛び出し部分に集中するため腰痛が生じたり、あるいは図5の背中の中間部分（肩胛骨の下）あたりに背筋痛が生じることが多い。

また、肋骨のない背中部分の大きな反りも、脊柱起立筋のトタン板状の飛び出しもない平らな背中の人であっても、肋骨がある背中部分や背中全体が固い場合は、コンクリートブロックを乗せて生活しているようなものであり、からだの柔らかい部分に応力が集中して、腰痛・背筋痛が生じる。

●●● 5．動作とは ●●●

動作についてはさまざまな検討がなされてきたが、動作法における成瀬理論の原点は、「動作＝意図 → 努力 → 身体運動」である。すなわち、動作を単なる身体運動とは区別し、本人の意図によって発動し、努力によってなされ、結果として身体運動が出現するものが動作であるとする。

これは、自分が動かしているという主動感を伴う身体運動であり、他者から動かされている、あるいは理学療法室にあるような天井に滑車をつけたロープにより片麻痺の人が健側手で引っ張ると患側手が動くような被動感（動かされている感）を伴う身体運動、アテトーゼ型脳性麻痺者の不随意な四肢の動きや、電気刺激によって勝手に筋肉が動くような自動感（勝手に動く感）を伴う身体運動とは、区別される。

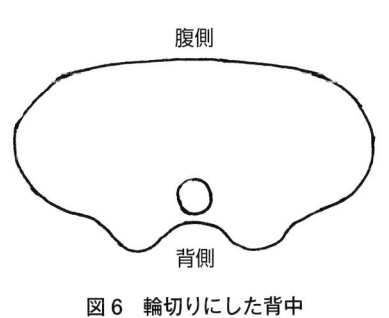

腹側

背側

図6　輪切りにした背中

なお、からだを捻ったり四肢を動かすなどの動作には、動かそうとする方向に動かせるような力を入れるだけではなく、それを邪魔している力の入れ方の不器用さも含まれる。「力み」すなわち「不要な力」（主体の動作部位以外の部位に入ることがある。すなわち、動作の遂行においては、「力みをとりながら必要な力を入れる」必要がある。

● 6 動作法実施にあたっての仮説 ●

こころのケアを目的とする動作法は、「こころの状態」を変えることを目的とするが、悩みや行動上の問題という状態像の背景にある主体の活動の仕方に目を向け、「安定と前向きに活性化する方向」に本人が自己修正することを援助するものである。

「からだの緊張」「姿勢」「動作の仕方」は、主体の活動の結果生じているものであり、その人の活動の仕方の普遍的なパターンが当然現れている。したがって、からだの緊張・姿勢・動作の仕方のパターンを変えることは、これら三つ以外にもつながる主体の活動の仕方のパターンを変えることを意味する。

心理カウンセリングにおいて、知的に「わかった！」という体験をすることは多い。しかし、生まれ変わった気分になっても、長続きすることは少ない。むしろ、大きな揺り返しにより、以前より沈み込むことも多い。人間は基本的には、わかっていてもできない生き物である。むしろ、知的に考えすぎるとできなくなることも多い。すなわち、意識の領域で「わかる」ことよりも、無意識の領域で「できる」

ことのほうが難しく、大切である。

西洋的な心理療法では、援助者や被援助者が知的にわかることを重視するが、実はわからなくてもできればよいし、主体の活動の仕方が変われればよい。動作法は、動作課題に取り組むという体験を通して「できる」体験を提供し、そのプロセスにおいて主体の活動の仕方を変えていく、こころのケア技法である。

第2節　動作法における体験課題

● 1 結果ではなくプロセス ●

動作法は、一言でいえば、本人が動作を遂行するプロセスにおいて、自分のからだや動作に注意を向け、その不具合などに気づき、努力の仕方を修正・変更していくことで、主体の活動の仕方を変えていく技法である。

動作法については、動作法による援助が未経験な人はもちろん、こころのケアとして動作法を被援助者に実施している人であっても、「身体の緊張が弛んだ結果として、心理的な緊張の低減を目指す技法である」と、誤解している人がいる。これはまったくの問違いであり、動作法を理解していないといえる。たしかに、通常は身体の緊張がほぐれると気持ちがよい。結果として気持ちも楽になったような気がする。しかし、このような現象は動作法においては単なる「おまけ」であって、動作法が目指す本質ではない。たとえば、ホットパッ

クで身体がほぐれたとしても、低周波治療器で筋肉に電流を通してピクピクと動かしても、主体の活動の仕方の不調は根本的には改善しない。

図7に例示するように、動作法は、「希薄な自己存在感」が「しっかりした自己存在感」に変わるための体験を、そのプロセスにおいて提供する技法である。したがって、主体の活動の仕方は、「結果的に物理的に身体の緊張が弛んだだけ」では変わらない、という認識が必要である。

「身を固めている人のからだを弛めずぎると、不安が高まり危険である」とか、「書痙などのからだに出ている主症状をいきなりとると、不安が高まるからやめたほうがよい」と言う援助者がいるが、それはその援助者が下手であるか、動作法を実施しているつもりで実は動作法になっていないだけである。たしかに、不安やストレスにより必然的に身を固めている人に対し、動作法と称しながら実は強すぎる援助で他動的に動かして、ストレッチング的に単に弛めたとしたら、不安がかえって高まるかもしれない。しかし、動作法は単に弛めるだけではなく、本人が不具合に気づき、不具合に前向きに立ち向かい、努力の仕方の修正として不必要な力みをとり、必要な力を入

れ、外界に対してしっかりとした軸を立てつつもしなやかさも併せ持つという新しい主体の活動の仕方を身につけ、できなかった自分ができるようになったと感じることがきちんとなされるならば、動作法によって不安が高まるということは生じない。

● ● ●
2　動作課題と体験課題 ● ● ●

本書では、「動作課題」と「体験課題」という言葉を使用する。動作課題とは、たとえば「肩胛骨(けんこうこつ)を上げる」「膝立ちをする」のように、動作として何をするかを示すものである。体験課題とは、このような動作課題を遂行するなかで、どのような体験をするかを示すものであり、「無意識動作を意識化し、再び無意識動作に戻す」「力みに気づき、それをとる努力をする」などである。動作法の目的は、身体が柔らかくなることでも、動作課題ができるようになることでもない。援助者は、被援助者が課題としての動作を遂行するなかで、どのような体験をし、不具合を生じている体験の仕方がどのように変化するかにこそ着目して、動作法を実施する必要がある。

● ● ●
3　無意識動作と意識動作 ● ● ●

本書における動作法の解説では、特に「無意識動作（意識下動作）」を強調する。ここでいう動作には、からだに緊張を入れること、抜くことも含む。

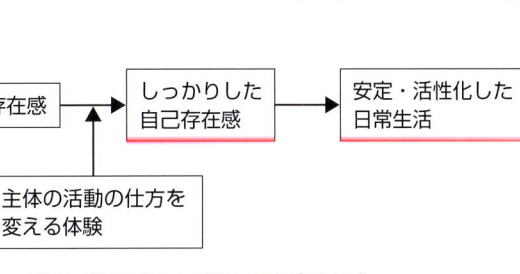

図7　動作法によるひとつの変化図式

人が日常生活で行う動作は、通常は無意識動作と意識動作が混じり合っている。たとえば、「パソコンのスイッチを入れよう」と思って行う動作は、スイッチを押すという部分は言語的に意識され、指をスイッチまで持っていく動きは感覚的に意識されているが、そのために必要な全身の緊張状態の変化、肩の動きや肘の動き、あるいは重心の移動などは意識されず、また反対の手を机について身体を支えている場合は、それも意識されないことが多い。

無意識動作と、電流を流すと腕が勝手に動くようにからだの持ち主である主体の活動とは無関係に身体が動くこと（いわゆる身体運動）とは、明確に区別しなければならない。無意識動作は、意識はしていなくても動作していることを、本書では強調したい。なお、一人は、意識的にも意図していないだけであって、あくまで行っているのは本人（主体）である。意識には言語化していない）意図、言語意識的意図、感覚意識的意図があり、「努力」にも、言語意識的な努力、感覚意識的な努力、無意識的な努力があると考える。

すなわち、成瀬理論の基本的動作図式における意図 → 努力 → 身体運動の「意図」には、言語意識的意図、感覚意識的（意識していない）意図、無意識的意図があり、「努力」にも、言語意識的努力、感覚意識的努力、無意識的努力があると考える。

意識には言語的意識と感覚意識と無意識があり、人は、意識的にも意図↓ 努力 → 身体運動を行うことを、本書では強調したい。なお、一つの動作は、このような意識化された部分と無意識的に行っている部分との混合によって形成されていると考えるものであって、ここでいう無意識動作とは、一つの単位動作、あるいは複合的動作における無意識的部分のことである。すなわち、同じ「手を上げる」という動作であっても、言語意識と感覚意識の比率はさまざまであり、意識動作部分と無意識動作部分の比率もさまざまであると考える。また、意識動作部分について明確に注意を向けてきわめて意図的に動作を行っている場合と、軽く注意を向けているだけの場合があり、注意の向け方にも濃淡があると考える。

動作法における主体の活動の仕方を変える体験の仕方としては、図8に示すように、まず無意識動作として行っている部分を意識化させる。特に、不必要な緊張が入っている状態や動作の不器用さを、「からだの感じ」、あるいは「ゆっくりした動きのなかでの動作感」として気づきは単なる「思い（思っているだけ）」ではなく、感覚を伴う現実的な認知的変化となり、現実感の形成、自己存在感の形成、成功感・達成感による自信の形成、援助者を起点とする他者認知の変化などにつながる。

次に、不必要さ、不器用さを改善するコントロールする過程において、そのためのコツや努力の仕方に気づかせる。これらはすべて、それ自体が主体の能動的活動の促進となり、気づきは単なる「思い（思っているだけ）」ではなく、感覚を伴う現実的な認知的変化となり、現実感の形成、自己存在感の形成、成功感・達成感による自信の形成、援助者を起点とする他者認知の変化などにつながる。

そして、最終的には、無意識動作に戻したほうがよい部分領域に戻して、「良い具合にできる」無意識動作と、意識動作（意識の仕方もできるだけ言語意識ではなく、感覚意識化する）の良いバランス状態を作る。具体例としては、通常は意識しない足の裏の感じにしっかり踏みしめるためのからだを前傾させた際の感じしの変化と、注意を向けさせて、わずかにからだの調整をするなどである。

なお、動作法のプロセスにおいて、すべての無意識動作部分が意識

化されるか、意識化する必要があるかといえば、そうではない。無意識動作部分が、無意識的に変化・改善されることもある。動作法の基本は、「わかること」より「できること、すること」であり、意識化されずとも主体の活動の仕方が変化すればよい。しかし、本書では、「できる」ため、「主体の活動の仕方が変化する」ためには、注意を向けていったん意識動作に上げて、再び無意識動作に戻すことが重要であるとする。

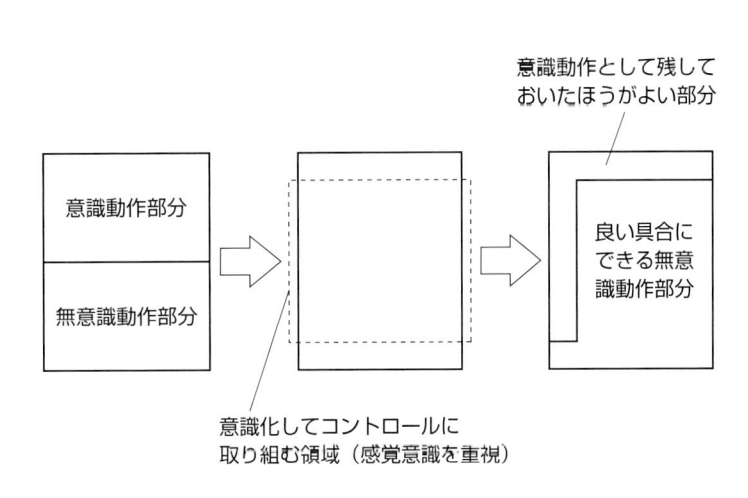

図8 無意識的動作のコントロール過程

（図中：意識動作部分／無意識動作部分 → 意識化してコントロールに取り組む領域（感覚意識を重視） → 意識動作として残しておいたほうがよい部分／良い具合にできる無意識動作部分）

● ● ● 4　動かなさ・痛みの正体 ● ● ●

ストレスは心理的な不調だけではなく、からだにも悪影響を及ぼしている。本書では、慢性緊張、姿勢の歪み、動作の不器用さの中核をなすものとして、「力み」を想定する。

「力み」とは、無意識的に不随意に入ってしまう、不必要な力のことである。防衛が必要な場面において全身に緊張が入ることは、必然であって不要なことではない。しかし、そのような場面においても必要以上に力を入れすぎることや、安全な場面になっても力を入れたまま抜かないことは、適切とはいえない。

慢性緊張とは、力みを継続的に入れ続けることによって、筋肉が物理的にも固くなってしまっている状態を指す。このような慢性緊張は、からだの固さや姿勢の歪みを生じさせたり、動作の適切なコントロールを邪魔して、しなやかな動作や正確な動作ができない原因となる。

たとえば、肩胛骨（けんこうこつ）を回し上げて（肩骨を上げて）いくと、身体的にはまだ上がるはずの位置で痛みが出て、それ以上動かせなくなることがある。主観的には「慢性緊張により固くなって伸びなくなっている筋肉を伸ばそうとするので（あるいは縮まなくなっている筋肉を縮めようとするので）、動かせない（あるいは痛い）」と感じる。

筋肉には、随意筋である骨格筋（横紋筋）と、内臓筋（主として平滑筋）がある。からだを動かす際に使用するのは骨格筋であり、骨格筋と骨をつなぐ部分に、繊維質であるコラーゲンからなる腱の部分が

ある。アキレス腱に代表される腱については、いったん固くなり縮んでしまうと「物理的固さ」が強く、ストレッチなどによってもなかなか伸ばすことが困難である。

しかし、横紋筋部分については、固くなったとしても腱ほどの物理的固さはない。ましてや、肢体不自由がない人がストレスで身を丸めて固めていたり、普段使用しないことが原因で固くなっているレベルの慢性緊張においては、それほどの物理的固さはないといえる。すなわち、動かせない、痛いと感じる際に、腱のように物理的固さがその原因であるならば、ストレッチなどで物理的に弛めるしか方法はない。しかし、物理的にはそれほどの固さはなく、動作することによって自然と弛んでいく程度のものであるのが実態であり、動かなさや痛みを発生させて動作の邪魔をしているものの正体は、別にある。

図9は、動かず、痛みを感じる位置での、動かなさ、痛みの正体を示した図である。慢性緊張と呼ばれる固さには、形成された「物理的固さ」がある。しかしそれだけではなく、「無意識のうちに慢性的に入れている力み」が、慢性緊張の大きな構成要素としてある。慢性緊張が、普段動かさないから固くなっているだけであるならば、姿勢は歪まない。たとえば、丸まり方向に姿勢が歪んでいくのは、その方向に無意識的な力みを入れているからにほかならない。また、慢性緊張が単なる物理的固さであるならば、よく揉みほぐせばしばらくは柔らかいままになるはずである。しかし、肩を揉みほぐしてもすぐまた固くなるのは、無意識的な力みを入れているからにほかならない。

図9 動かなさ・痛みの正体

に弛めさえすればよい。しかし、本人が慢性的に入れている力みがその正体である以上、力みを入れている自分に気づき、不要な力みを入れないような動作努力の仕方を身につけなければ、慢性緊張はとれない。

それに加えて、痛みを発生させ、動かせなくしている大きな構成要素が、「一時的な力み」である。力みは無意識のうちに入る不必要な力であり、コントロールが下手なうちは、ちょっとしたことですぐに力みが入る。スポーツにおいても、自信を持って動作しているときにはのびやかに上手にやれていても、ふと不安が頭をよぎっただけで微妙な力みが入り、動作がうまくいかなくなることがある。あるいは成功しなくてはいけないとふと思っただけで、肩甲骨（けんこうこつ）を回し上げていく動作において、動かなくなる前に動かしにくくなるが、この段階で一時的な力みが入り始め、痛みを感じ動か

もし慢性緊張が物理的固さのみで構成されているのならば、他動的

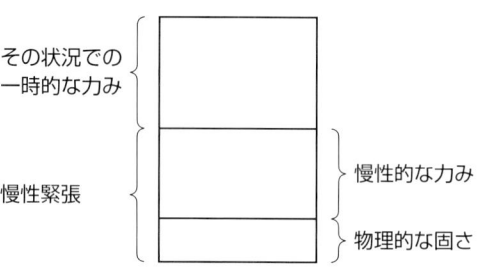

第2章 動作法の理論

せない位置にきたときには、かなりの一時的な力みが入っている。実は、この力みのせいでかえって痛くなり、動かせなくなるのであるが、本人はそれには気がつかずに、大きな力（不要な力）を入れ続けている。

痛みについて言及すれば、慢性緊張が強い部分まで動かせば、痛みを感じさせないことがある。一方、痛みに敏感な人もいる。動作法を、痛みを感じさせなければならない技法であると誤解している援助者がいるが、固くなっている慢性緊張が強い部分まで動かせば、痛みを伴うこともたしかに多い。しかし、被援助者を痛がらせなければ動作法ではない、痛い目に遭わせるのが動作法であるという認識は、まったくの見当違いである。特に、動作法が初体験であったり、動作法に懐疑的な人、あるいは積極性を見せない被援助者に対しては、強い痛みを感じさせないほうがよいので、「痛いところまで無理に動かさないでください。イタイまでいかないで、イタイの最初のイの所で止めるようにしてください」と指示をする。

●●●
● 5 力みとり動作法 ●●●

多くの人は、自分が力んでいることに気づいていない。右肩胛骨の回し上げ下げ動作（肩の上げ下げ動作）を行い、セッション終了後に、力みがとれて右肩が左肩よりも下がっていることを指摘されると、驚く人が多い。いかに無駄な力を入れて、それに気づかずに生活しているかがわかる。また、肩胛骨を回し上げていくと、痛みが生じたり、（物理的・身体的にはまだ動くはずなのに）それ以上は上がら

なくなる。このとき、力みとの対面とコントロールを行い、力んでいる状態と力みが抜けた状態の違いを体感的に把握するとよい。最終的には、無意識のうちに力みを入れないことができるようになり、力みが入りそうになったら、あるいは力みが入ったと感じたら、すぐさま力みをとれるようになることを目指す。しっかりした体軸作りとともに、力みへの対応と、しなやかな姿勢・動作作りに努力する過程において、主体の活動の仕方も変化していく。

無意識的な力み （一時的な力み と慢性的な力み）	力みの意識化と コントロール	残った力み
動作に本当に 必要な力	動作に本当に 必要な力	動作に本当に 必要な力

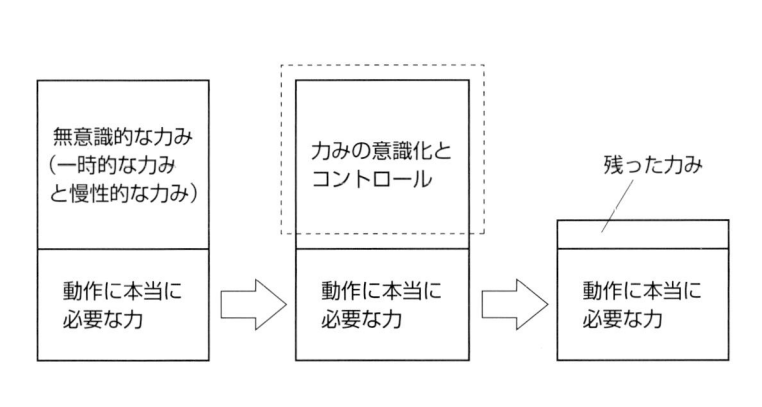

図10 力みのコントロール

図10は、力みとり動作法の模式図である。無意識的に入ってしまっている一時的な力みと、慢性的な力みを意識化してコントロールし、"とる"ことが体験課題であり、最終的にはその動作に本当に必要な力だけを入れて、（力みを入れずに）動作できるようにする。図10に力みを少し残したのは、現実的には力みをすべてとることは難しいことと、そもそも身体のリハビリテイションでは100％の身体的改善は目的ではなく、主体の活動の仕方を変化させることができればよい、という思いを込めて残している。助者が動作課題・体験課題に取り組むなかで、主体の活動の仕方を変ての動作法においては、100％の身体的改善は目的ではなくこころのケアとし

● ● ● 6　慢性緊張が強い部分における力みとり　● ● ●

無意識動作である「力み」を意識化し、そのコントロールを体験課題とするためには、力みが入る、あるいは入っている部分までからだを動かす必要がある。慢性緊張には、慢性的な力みと物理的な固さがあるため、慢性緊張が強い部分はからだを動かしにくく、一時的な力みも入りやすい。したがって、たとえば肩胛骨を回し上げる動作課題においては、肩骨を上げにくくなった位置で動作を止めて、力みと対面する。

力みと対面し処理するためには、ただ固い、痛いと感じるだけではなく、力みが入っていることに気づき、力みをとるコントロールができるようにならなくてはならない。具体的には、ちょっと痛い、あるいは動きがかなり悪くなった位置で、「はい、ストップ。感じが変わってくるか

ら、この位置から動かさずに待っていましょう」と教示し、からだの感じの変化に注意を向けさせる。「動かせる感じが出てきたら教えてください」と声をかけて待っていると、3〜5秒後には援助者が触れている手のひらに被援助者の脱力が伝わってきて、「動かせます」「痛みが消えました」という報告がある。これは、本人の主観的には勝手に変わったと感じるのだが、実は主体の能動的活動の結果である。

人間はちょっとした痛いであっても痛いのは嫌であり、動かしにくいほど筋肉が張っている状態も嫌である。嫌なことに対しては処理するのが人間であり、痛みが消えたり動く感じが出る（弛（ゆる）む）のは、本人が無意識的ではあっても主体的に力みをとっているからである。身体が慣れて痛みが消えるには時間が短すぎるし、勝手に緊張が弛むことはない。援助者はさりげなく「ああ、力みがとれたんですね」と声をかけたり、さらに少し動かすように指示してまた動かなくなったら「ここまでですか？　かなり力んでますね」など、力みを意識させる言葉かけを行い、無意識動作を意識化してそのコントロールを練習し、また無意識動作に戻すという観点から、力んでいる自分を意識させる。

なお、痛みや張りが出ている部位の力みをとりつつ動作することが動作課題となるが、当該動作は、痛みや張りが出ている部位だけで行っているわけではない。たとえば、右肩の筋肉を縮める際には、そこを山の頂点とした前後の裾野、すなわち右胸側と右背中側も動作しており、その部分にも力みが生じることが多い（図11）。痛みや張りが出ている頂点部分の力みを意識的にとることは比較的簡単である。したがって、裾野部分の力みを意識的にとることが難しい場合であっても、裾野

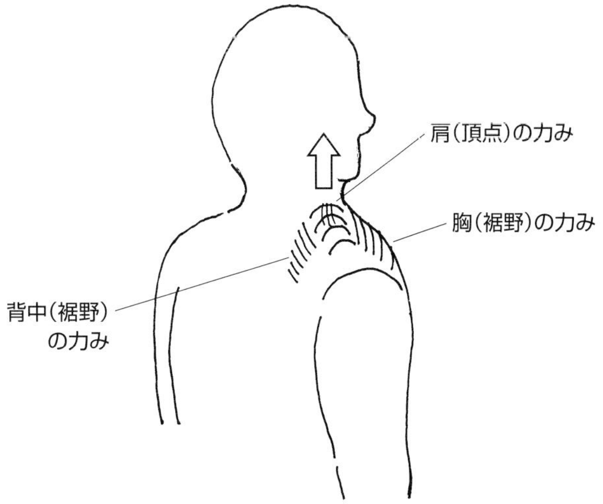

部分に注意を向けさせてその力みをとることで、頂点部分の力みも低減し、痛みや張りが消失する（弛む）体験をさせることができる。これは、力みのコントロールとして、力みのとり方の獲得につながる。

また、ある動作を行う際に、力を入れる必要のない部位にも緊張が入るといったように、力みであるが随伴緊張が入ることがある。たとえば右肩を上げている際に左肩にも一時的な力みである随伴緊張が入ることがある。このような随伴緊張を抜くことで、動作課題を行っている部位の力みもとれる。そこで、随伴緊張が入っている被援助者に対しては、「この位置から動かさずに力みだけとってみましょう」という体験課題を与えた後に、「ここにい

図11　肩甲骨回し上げに伴う頂点と裾野の力み

肩（頂点）の力み
胸（裾野）の力み
背中（裾野）の力み

らない力が入ってない？」と随伴緊張を抜くことを指示し、「ほら、こっちの力みもとれたでしょう」と、動作部位の力みがとれたことを確認させる。これも、力みのコントロールの獲得に有効である。

さらに、少し戻すことで、力みがとれる体験をさせることもできる。動かなくなった位置からわずかに戻すだけ（角度的には5～10度程度）ではあるが、緊張も痛みも感じない位置まで戻させる。そして、先ほど動かなくなった、あるいは痛みを感じて動作を止めた位置まで動かさせると、多くの場合は、「さっきとは違います」「はい、全然痛くないです」などの答えが返ってくる。これも、力みがとれた状態を体験させると同時に、力みのコントロールの獲得につながる。

無意識的・慢性的に入れている不必要な力（慢性的な力み）に対しては、この力みが入ってしまう姿勢や、からだの力の入れ方の全体バランスを変えることが必要である。しかし、まずは前述で紹介した方法を使って、力みに気づき、コントロールする、という体験をさせることから始める必要がある。主体の活動の仕方を変えなければ弛みは長続きしないし、姿勢もバランスも変わらない。

●●● 7　ゼロリラクセイションと
力みとりリラクセイション ●●●

本書で使用するゼロリラクセイションという言葉は、完全脱力のことであり、ある部位の力、あるいは全身の力を全部抜くことである。力みとりリラクセイションとは、ある姿勢は取りつつも、あるいはある動作を行いつつも、不必要な力は抜いてそれに必要な最低限の力で

姿勢を保つ、あるいは動作することであり、この二つを区別する。実は、全身のゼロリラクセイションは、人間が生きている限り不可能である。就寝時であってもできない。風呂に入っていくらリラックスしても、全身ゼロリラクセイションしてしまっては溺れてしまう。部分のゼロリラクセイションも、厳密な意味ではできないというのが実のところであるし、スポーツも含めて日常生活に必要なのは、力みとりリラクセイションである。

しかし、課題全体における被援助者の努力目標として、ゼロリラクセイションを指示することはある。また、動作課題の遂行途中において、「しみったれた力の抜き方しかできない」被援助者に、「動かないようにしっかり支えていますから、そこで力を全部抜いてみましょう」と、ゼロリラクセイションを指示することがある。もちろん、これは本当の意味でのゼロリラクセイションが目的ではない。思い切った脱力ができない被援助者に、「いったん努力をやめて、意識的に入れている力や無意識的に入っている力が抜けた感じを把握したうえで、再スタートしましょう」と言っているだけである。

従来、動作法では、「力を抜いて」という声かけをよく使用していた。しかし、「力を抜いて」という指示では、被援助者はゼロリラクセイションを求められていると受け取る可能性が高い。特に、からだを前傾する動作課題のように、力を抜くとさらにからだが動く課題を実行している場合は、痛みが出ているほどに慢性緊張を感じている状態で力を全部抜くことは、意識的にも無意識的にも怖くてできない。したがって、援助者は、単に「力を抜いて」と力をほどよく抜くとしても、どの程度、どうやって抜いてよいかわからないのでできない。

曖昧な指示を出すのではなく、「からだを動かす必要はないので、その位置で生じている一時的な力みをとること、慢性的な力みをとること、力みがとれる前のからだの感じと、とれた後のからだの感じをつかむこと、力みがとれたらゆっくりと次の力みが生じる位置まで自分で動かすこと」という力みとりリラクセイションを含めた動作の遂行を、明確に指示する必要がある。

このような指示であれば怖さが減少し、被援助者は、痛みや緊張を含めた動作の遂行を自分で消すことができた、さらに動かすことができた、という快体験を得ることができる。

8　慢性緊張部分ではない力みとり

慢性緊張とは、そもそも慢性的な力みが入り続けている部分であり、その部分を動かそうとすると、当該部位、あるいは付近の部位（随伴緊張）に、一時的な力みも入りやすい。したがって、力みとり体験課題として、慢性緊張が強い身体部位・動作位置を使うことができる。

しかし、今現在は慢性的な力みが強く入っていない状態であっても、一時的な力みが入りやすい部位や動作がある。そのような動作課題を用いて、一時的な力みと対面し、コントロールする工夫を、体験課題として設定する意義がある。

9 一時的力みとり体験課題の例

手指および腕は、被援助者にとって一時的な力みが入りやすく、わかりやすい部位であり、腕を上げる動作課題を通して体験課題を設定する。

（1）何をするかの説明

立位やあぐら坐位でも可能であるが、通常はパイプ椅子のような、肘掛けがなく座面が水平で固い椅子坐位で行う。両手を膝の上に乗せるように指示するが、姿勢については被援助者本人の工夫に任せて、特に指示はしない。なお、一時的な力みが入りやすく、とるのが難しい被援助者は、立位で行うと力みをとりやすい。

動作課題については、「今からこころとからだの関係を体験していただきます。あなたの課題は腕や指にいっさい力を入れないことです。無意識のうちに入ってしまう力みがあれば、力みをとる努力をしてください」と教示する。すなわち、他者が他動的に腕を持ち上げるという状況において、腕のゼロリラクセイションを動作課題とする。

（2）一時的力みとの対面

援助者は、**写真1**のように、被援助者の斜め後ろに位置する。「それでは始めますので、被援助者の腕を持ち上げやすいように、被援助者の中指（あるいは左手）の中指に手を近づける。すると、被援助者の中指がピクピクと動いたり、なかには「持ってくださいという形」にピンと伸ばしてくる被援助者がいる。「じゃあ、中指を持ちます」というセリフを入れつつ手を近づけると、より中指が動きやすい。「えーっ『持って！』って指が動いていますよ」と指摘し、「もう一回ね。持ってもらおうと指を動かす必要はありませんからね」と仕切り直す。それでも指が動く人は、それを無視して指をつまむ。

援助者は、被援助者の中指をつまんで腕を引き上げるが、その後の被援助者の力みとりの工夫のために、あまり前方には引っ張らずに真上に引き上げるようにする。

援助者が被援助者の腕を上げていくと、**写真2**のように、肘を伸ばして自分で腕を上げてしまう被援助者が多い。「ちょっと、ちょっと。今、自分で上げませんでした？」と指摘すると、「えっ？上げていました」と笑いながら答える被援助者もいるが、「上げていません」と答える被援助者も多い。「上げていません」と言う被援助者に対してはもう一度最初から行い、「ほら、今、自分で上げてるでしょ」「上げ

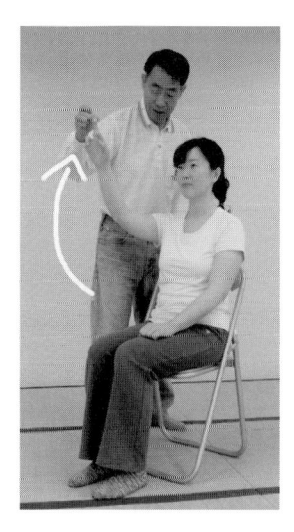

写真1 援助者の位置

てますよね。女性の細腕といってもこんなに軽くは上がらない」などと指摘する。

また、写真3のように、援助者が手を離しても自分で上げたままの被援助者も多い。上げたままを維持する被援助者に対しては、「今、自分で上げてませんか？　私、もう離してるんだけど」のように声をかけると、「えっ？」と自分の腕を見て笑い出すことが多い。

10人に1人程度は脱力が上手な被援助者もいるが、細かくチェックすると手首、肘、肩のどこかに力みが入っていることが多い。また、腕を引き上げる速度を少し速くしたり、速度に変化をつけると、追従しようと力が入ることがほとんどである。なお、上げないことを意識するあまり、腕を下げる方向に明確な力を入れる被援助者もいるので、援助者が被援助者が脱力して重いのか、下げる方向に力を入れているから重いのかの区別ができなければならない。

（3）力みとりの工夫

このように、「力を入れない、入れたくない」という意識とは裏腹に、無意識のうちに力みが入ってしまう体験をさせ、「これは何なんでしょうね。脳に障害はないですよね。『持ってください』とばかりに勝手に指が動いたり、上げたくないと思っているのに腕が上がるのは、よほど人がいいというか、あなたの無意識的な意志ですよね」などと解説し、「では、この勝手に入っちゃう力みをとる練習をしましょう」と指示する。

「じゃあ、もう一回やりましょう」と言って、今度は援助者が、被援助者に力みが入ったととらえた瞬間にその位置で止めて、「ほら、今、手首に力みが入っていない？」「今、自分で上げてますよね」と確認し、「その力を抜いてみましょう」「自分で上げるのをやめてみましょう」などと指示し、本人なりの力みとりの工夫をさせる。

（4）工夫の支援

一時的力みへの気づきとそのコントロールが課題であり、気づいた力みを抜けること、そして最終的には最初から力みを入れないでいることができる自分（そのような活動の仕方）の形成が課題ではある

写真3　腕を上げたままの被援助者

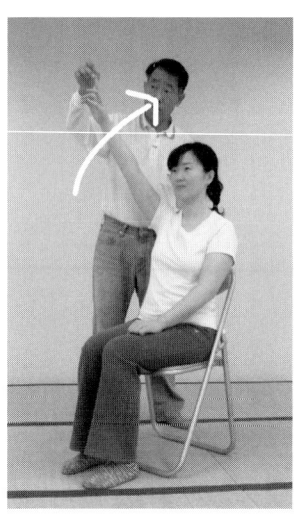

写真2　自分で腕を上げてしまう被援助者

が、100％できるようにならなくても、プロセスにおける努力、気づき、上達があればよい。

本人なりの工夫、あるいは援助者が行う工夫支援としては、次のようなものがある。以下の工夫例はあくまで参考例であり、被援助者本人にとって主体の活動の仕方を変えるきっかけとなり、日常生活における注意の向け方や、認知・処理・行動の仕方に持続する実感が持てることが大切である。

a 単関節に意識を向けること

多くの被援助者は、力みが入ってしまうことに気がついても、どうやって抜けばよいのか、力みが入らないようにするにはどうしたらよいのかがわからず、戸惑う。**写真4**は、手首に意識を集中している写真であるが、このように単関節に意識を集中することで、最初の脱力感、微妙に力みが入り始める感じ、強く力みが入った感じ、力みをとるための工夫と成果などが、漠然とではなく実感としてわかりやすい。

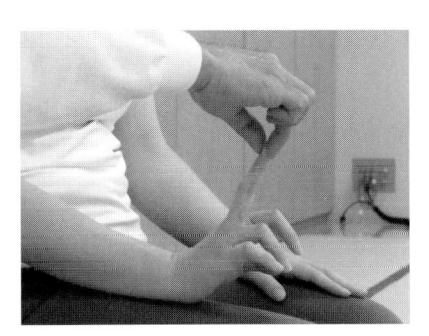

写真4　手首に気持ちを集中

b まっすぐな体軸

写真5のように背もたれに寄りかかっている体軸後傾姿勢や、**写真6**のような体軸前傾姿勢は、被援助者がリラックスし、全身の力を抜

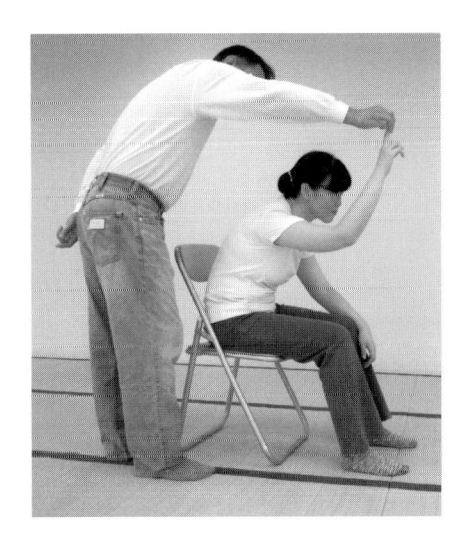

写真6　体軸前傾姿勢　　　　写真5　体軸後傾姿勢

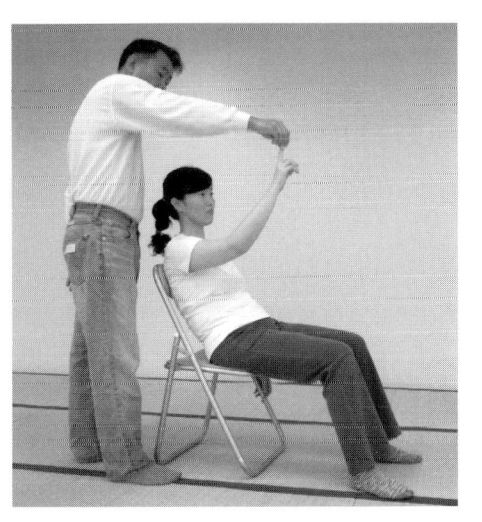

くための工夫としてとりがちな姿勢である。しかし、腕を上げていくことによって背筋などに腕の動きが伝わりやすい姿勢であり、そのために腕に力みが入りやすい。

一方、**写真7**のような体軸をまっすぐに立てた姿勢は、腕をどのように動かしても体幹に腕の動きが伝わりにくく、いわば「体幹と腕を分離した姿勢」といえる。したがって、腕に入る一時的な力みをとる、あるいは入らないようにするためには、適した姿勢といえる。

c　**腕を広くとらえること**

被援助者の多くは、腕は肩骨から先の部分であり、肩骨から先の脱力を試みている。そこで、腕の認識を「指先から肩胛骨周辺」で行い、肩骨はそのように認識した腕の途中にある存在、と認識するようにする。そのように認識を変えることによって、腕に力みが入りにくくなる。肩胛骨の脱力感については、**写真8**のように、いったん腕を真上まで上げて天井方向に突き出すように力を入れ、その入れた力を抜くとわかりやすい。

d　**ゴールの把握**

力みが入っていないゴールの把握として、**写真9**および**写真10**のように立位で膝を弛め、少し背をかがめて腕をプラプラさせてみる。軽くからだを揺すって止めても、腕が惰性でプラプラと動くようにする。腰を軽く回して、腕が前後にプラプラ揺れることを体験させてもよい。プラプラができない人に対しては、いったん両方の肩骨を上げ

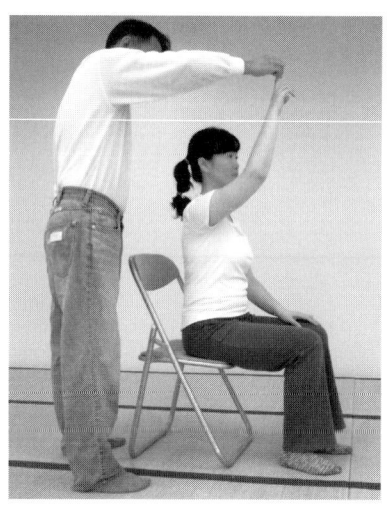

写真8　突き上げて肩胛骨の脱力

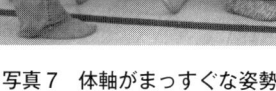

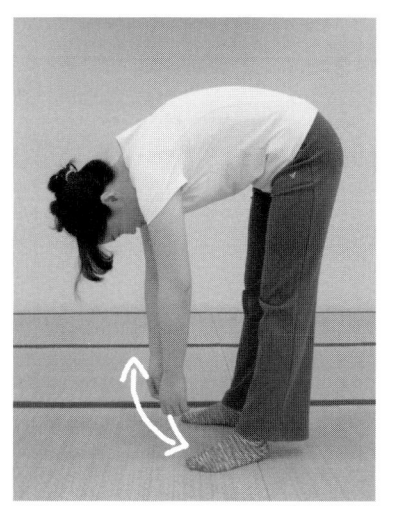

写真7　体軸がまっすぐな姿勢

写真9　ゴールの把握（プラプラ側面）

させてストンと脱力させる。プラプラ感の確認としては、歩行をして腕がプラプラ揺れる感じや、歩行を止めても腕が惰性でプラプラと振り子のように揺れる感じを体験させることも、有効である。

なお、肩・胸が固く、肩胛骨が動かない人（動きが悪い人）について

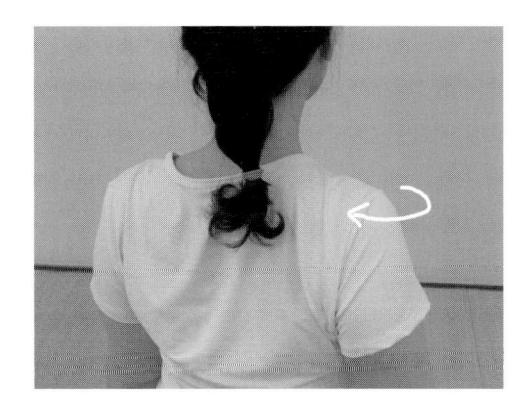

写真11　肩胛骨のスライド開き（後方）

写真10　ゴールの把握（プラプラ正面）

ては、肩骨から指先までの腕がプラプラするための前作業として、肩胛骨の後ろ方向へのスライド開き（**写真11**）、前方向へのスライド開き（**写真12**）、両方の肩胛骨をいったんすくめるように上げて、片方の肩胛骨を下げる動き（**写真13**）などを行う。そして、援助者が肩胛骨を後ろに開いて手を離すとポヨンと戻る感じ（一時的な力みが強い

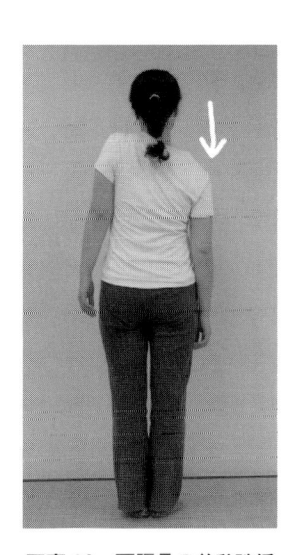

写真13　肩胛骨の差動弛緩

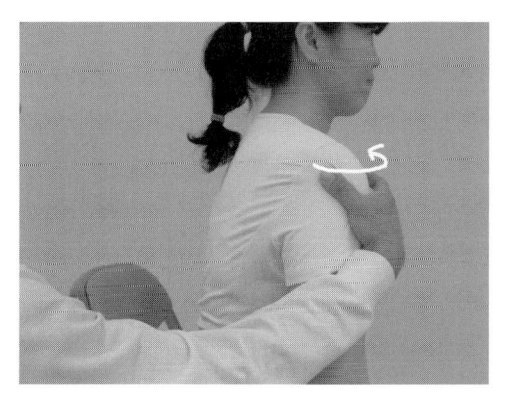

写真12　肩胛骨のスライド開き（前方）

人は、援助者が手を離してもその位置から動かない）などの、肩胛骨のプラプラ感をまず覚える必要がある。肩胛骨のプラプラ感が出てくると、肩骨から先の腕のプラプラは自然に伴うことが多い。

e 動作的工夫

写真14のように、前腕が十分に上がるまでは、上腕は垂直のまま肘を下げているほうがよい。肘が上がりだしても、前腕が垂直であれば手首は使わないため力みが入りにくいが、写真15のように、前腕45度、上腕45度のような中途半端な形になると、手首にも、肘にも、肩にも、力みが入りやすい。

f 意識の工夫

意識については、気を逸らして別のことを考えていると力みが入らないのでは、と思って試みる被援助者がいるが、たとえば、話し始め

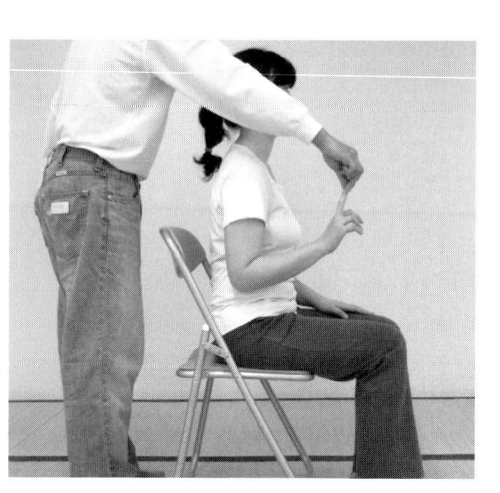

写真14 動的工夫

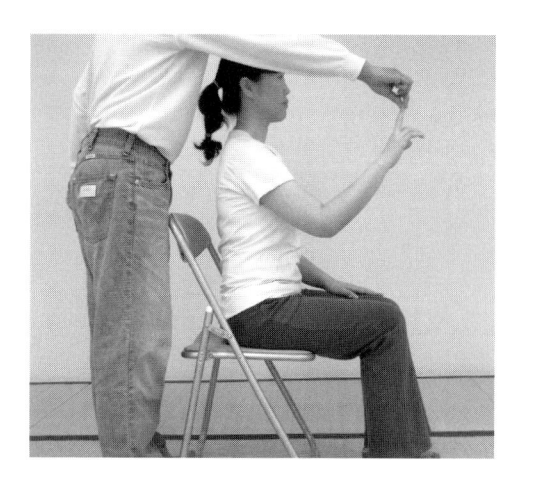

写真15 中途半端な腕の形

ると（力みをとることへの意識がゼロになると）、むしろ力みは入りやすくなる。すなわち、力を抜こうと頑張りすぎても抜けず、気を逸らしても抜けない。意識を向けて力みを入れないように努力しつつ、しかし頑張ってもいないという、「ある種、不思議な中庸感覚」が必要となる。

g 力みが入っている状態の確認と力みとり

力みを入れないで動作できることが最終目標である。しかし、その一歩手前の目標として、「力みが入ったらとる」ことができるようにする。援助者、被援助者のどちらかが、少しでも力みが入ったと思ったら動きをストップして、そこで力みをとる作業を行う。一方が力みに気がついて一方は気づかないということも多く、両者にとって気づきの練習にもなる。

援助者が、途中で腕を揺すってプラプラしていることを確認することも有効である。被援助者は上達の過程において、かなり上手になってきたのだけれど、今、力みが入っていないのか（うまくやれているのか）、気がつかないような微妙な力みが入っているのか（うまくやれていないのか）がわからず、不安を感じることがある。軽く揺すって腕がプラプラすることを確認する（写真16）ことで、両者ともにうまくやれていることが確認でき、自信もつく。

●●● 10 軸作り動作法 ●●●

外界・現実としっかり向き合えなくなっている人や不安が高い人などは、軸（体軸）がしっかり、あるいはまっすぐしていない人が多い。からだがクニャクニャしており、いわゆる「気をつけ姿勢」を保持することが困難な不登校の子などは、クニャクニャしているからしなやかかというしそうではなく、肩・胸周りは固く、からだに一本芯

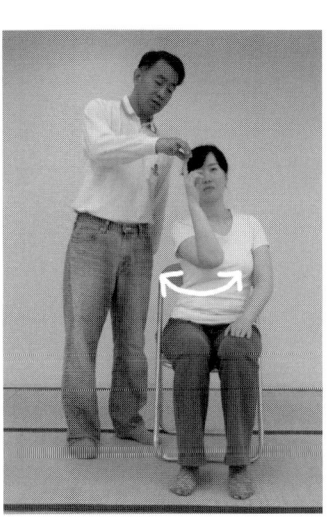

写真16　脱力の確認（プラプラ）

が通っていない感じである。

また、ある鬱病の中年男性は、動作法により鬱状態に入っていくのがわかるようになった。「鬱になってくると重力が減り、歩行時にフワフワした感じが出てくるのでわかる」と言う。認知症高齢者も、立位姿勢でからだを傾けても、からだが曲がらずまっすぐのまま踏みしめることができるようになったり、何かに寄りかからずにバランスよく座れるようになると、ボーッとした表情がシャキッとした表情に変わり、図3（7ページ）で示した問題とされる行動が治まることが多い。

自閉症の子や知的障害がある子は、走り回っている子であっても片膝立ちなどのバランスが悪い子が多い。そのような子がビシッと片膝立ちができるようになると、多動が治まったり、他者との日常的な関係のとり方に変化が見られるようになる。

このように、外界との対応の仕方として、しっかりとまっすぐな軸を作ることは、主体の活動の仕方に大きな影響を与えることがうかがえる。

したがって、動作法では、力みをとるという視点に加えて、「胸板を立て、背は反らさず、骨盤を立てた姿勢を作る（歪みのない軸を作って、補助なく、自分で外界に芯の通った対応をする）」という軸作りを、基本視点とする。外界対応における「しなやかさ」は、これも大切な視点であるが、フニャフニャではなく軸ができたうえでのしなやかさであり、「曲げる」のではなく、「しなる」ことが大切である。

第3節　動作法の進め方と効果

●●● 1　動作法による体験の仕方の変容 ●●●

こころのケアとして動作法を用いることの大きなメリットは、言葉によるカウンセリングとは異なり、被援助者の体験の仕方（主体の活動の仕方のパターン）を援助者が把握しやすく、被援助者に気づかせやすいことである。被援助者がしゃべる言葉というものは、本人が意識していることであり、本人が気づいていることに限定される。また、本人が気づいていないことを、本人に受け入れられるように言葉で気づかせることは、困難を伴うことが多い。しかも、被援助者本人なりに受け入れたとしても、言語的なコミュニケーションは認知フィルターにより歪（ゆが）められることが多い。さらに、知的に気づいたとしても、行動変容につなげることは難しい。

一方、動作には、本人が気づいていない体験の仕方も出ており、緊張・姿勢・動かし方の不器用さなどは、具体的なので被援助者に気づかせやすい。からだは自分（主体）の大切な持ち物かつ、自分の存在そのものであるがゆえに、その不具合には注意を向けやすく、改善の提案を受け入れやすい。そして、動作的不具合という厳然たる事実は、援助者と被援助者間の認知のズレが生じにくく、動作法による動作的改善は、それ自体が行動変容そのものということができる。動作法は、そのプロセス自体が、被援助者に今までどおりという選択肢を許さない技法である。実感を伴う気づきとして不具合を提示し、自己努力の結果として、実感を伴う成功感を与える技法である。

したがって、動作改善のプロセスにおいては、前述の認知の仕方の変更、処理の仕方の変更、行動の仕方の変更を伴う。しかし、動作法を用いた結果としての生活における体験の仕方の変更には、意識化された気づきとしての認知の変更は不要である。すなわち、動作法による被援助者の体験の仕方の変容としては、以下のような例示ができる。

◆無意識のうちに力みが入る人がいる。

　↓

◆動作課題において、その力みをとることができるようになる。

　↓

◆結婚式のスピーチなどの緊張場面で自己チェックを行い、力みに気づき、それをとることができるようになる。

　↓

◆意識しなくても、からだに力を入れないで行動できるようになる。

　↓

◆心理的にも何事にも力まず取り組めるようになる。

●●● 2　援助者が行う援助 ●●●

主体の活動の一つであるからだの緊張、姿勢、動作には、その人の主体の活動の仕方の普遍的なパターンが現れていると仮定する。そし

て、そのパターンを変更することによって、動作以外の主体の活動の仕方も変えることができると考えるならば、意図 → 努力 → 身体運動のプロセスのなかで、本人に「気づき」と「努力の仕方の変更」がなされるように働きかけていくことが必要である。言葉を換えれば、「からだを通して、からだの持ち主である主体に働きかける」のが動作法であり、「身体に働きかけている」体操やストレッチング、按摩、理学療法で行われる反射を利用した神経生理学的ファシリテイション・テクニックなどとは、大きく異なる。

動作課題の遂行においては、被援助者の「能動性」、動作の「こころのケアとしての課題性」、動作遂行中の「被援助者自身が動作感を味わうこと、主体的な努力を行うこと、からだの感じの変化をとらえること」が特に大切である。すなわち、動作法を行うのはあくまで主体である被援助者であり、援助者は補助・支援者にすぎない。援助者は、被援助者が「からだの状態に気づく」「動作課題に気づかず乗り越える努力をする」「努力の仕方を工夫し修正する」「修正の効果に気づく」などを通して、認知的および行動的な変化が生じるように援助（補助、支援）する。

●●● 3 目的を明確にすることの大切さ ●●●

動作法は、もともとは脳性麻痺児への動作改善訓練として、1960年代より成瀬悟策を中心として開発が進められてきた技法である。その後、自閉症児者や知的障害児者への発達支援、神経症・鬱病・統合失調症などの精神科領域での心理療法、被災者などのトラウマ対応、認知症高齢者のBPSD（問題とされる行動など）の改善、動作改善が主訴ではない対象者への適用がなされてきた。その主訴が主訴ではない対象者へ適用する場合においても、その主訴を原因として、からだに現れている慢性緊張、姿勢の歪み、動作の不器用さなどを、動作法実施における動作課題（対象者が改善に取り組む動作的な課題）に設定し、その実施プロセスにおいて、対象者の心理的活動の仕方の変化を引き出す。したがって、目的を知らない人が見れば動作改善訓練をしているように見えるし、認知症高齢者などには、「身体の固さをとってしなやかな身体にしましょう」のように、動作改善が目的であるかのように導入することもある。また、事実、結果として身体的改善が得られる。

こころのケアとして動作法を実施する場合にも、援助者が本来の目的を忘れて身体的改善に夢中になってはならない。何を目的に動作法を実施しているのかによって、細かな課題設定や働きかけ方が変わってくる。特に、被援助者の主体的な努力を引き出すことなく、単に身体をほぐすようなことを行い、被援助者のからだがほぐれて気持ちが良かったという結果をもって動作法の効果とするならば、理学療法におけるホットパックを受けて気持ちがよかった、心理的にもリラックスしたという程度のケア（結果としてのこころのケア）と同じであり、それは動作法とは呼べない。

動作改善が身体的であるかのように導入することもある。また、事実、結果として身体的改善が得られる。

こころのケアとして動作法を実施する場合にも、援助者が本来の目的を忘れて身体的改善に夢中になってはならない。何を目的に動作法を実施しているのかによって有効な体験課題を明確にすることである。

こころのケアを目的とする動作法を実施する場合は、①こころのケアを目的としていることを忘れないこと、②動作の実施プロセスにおいて、主体の活動の仕方の変化を引き出す手法であることを忘れないこと、が基本である。

また、動作法では、被援助者が痛みを感じるとしても、「イ・タ・イの最初のイ」程度にとどめるべきである。本人の乗り越え課題としては、痛みに耐えることではなく、動作的な困難性に立ち向かい、自己努力により動作的な改善を行うことである。したがって、少し困難ではあるが、乗り越えられないほどではない程度の課題であることが必要である。

一方、このような動作法における「痛み」は、本人が自分で動作するなかで発生する（作り出した）痛みであり、かつ逃げよう（やめよう）と思えばいつでも逃げられる痛みである。したがって、他者が強引に動かして発生した痛みとは異なり、心理的にも身体的にも安全な痛みといえる。

●●●●　4　基本的導入方法　●●●

動作法に関する議論のなかで、動作面接か言語面接かという二者択一的議論がなされることがあるが、それは極論であり、対人支援においては両方が必要である。動作法の実施中は、動作やからだの感じについて集中させることが必要である。動作法を始める前には、主訴を把握するためにも言語面接は必要であるし、生活における動作法の効果を確認するためにも必要である。そのような

言語面接においても、その人のいつものパターンを把握するための情報が得られる。

被援助者が動作法を知っており、動作法によって悩みごとを解決してほしいなどのこころのケアを求めてきた場合には、言語面接によるこころの状態把握のアセスメントを行った後に、スムーズに動作法を導入できる。一方、動作法をまったく知らない被援助者に対しては、本人がこころのケアを求めている場合には、アセスメント後に動作法導入についての簡単な説明をして、「悩みごとを治すため」と動作法についての説明は必ずしも必要ではなく、ある程度のアセスメントができたら、「ちょっと腕を上げてみてください」と腕を上げさせ、「あれ? ここまでしか上がらないのですか? ちょっといいですか」と少し大げさに驚いてみせて、そのまま腕上げ動作課題に取り組んでもよい。「からだがガチガチになっていますね」「これじゃ辛いのではないですか」などの声をかけ、今まで気がつかなかった自分のからだの不具合に自然なかたちで注意を向けさせ、悩みごとなどを脇に置いて、からだの不具合の改善に一生懸命になるように持ち込む。

動作法の理屈は知らなくても、結果として、あるいはプロセスにおいて、悩みごとを脇に置いて動作改善に取り組むこと自体が、認知の仕方の変更の第一歩であり、主体の活動の仕方を変えていく第一歩となる。納得が必要な人には、「こころの不調がからだに出ていますね」などのセリフを加えてもよい。

5 こころのケアを求めていない人への導入

認知症高齢者のように、問題とされる行動や心理状態が顕著であり、本人は苦しんでいても、他者にこころのケアをしてもらおうとは思っていない人もいる。認知症の人であっても、「こころとからだはつながっている」「からだの健康がこころの健康になります」などの簡単な説明を行うと、納得する人も多い。しかし、解説がくどくなると、「そんな難しいことはしない」と拒否的になるのが通常である。

したがって、自らこころのケアを求めていない人に対しては、援助者側のこころのケアとしての目的はさておき、被援助者には、「背筋を伸ばしてきれいな姿勢がとれるようにしましょう」「フラフラせずにビシッと安定して立てるようにしましょう」「腰痛を治しましょう」「力みのない身体にしましょう」のような、身体変化の《高すぎず低すぎない》目標を与え、本人がその不具合を実感、了解し、目標に向かって努力できるようにすればよい。被援助者の動作法に対する意識がどのようなものであっても、行うことが体操やストレッチではなく、ちゃんとした動作法になっていれば、こころのケアとしての効果は上がる。

このように、動作法の導入に関しては、動作法の理論や実施目的、効果について、被援助者によってはしっかり説明をし、明確にしておいたほうがよい場合もあるが、基本的には被援助者が知っておく必要はなく、動作法を実施することへの同意さえ取れればよい。その同意の取り方は、上記のように言葉で説明するのではなく、からだの不具合を実感してもらうことで、同意と意欲を引き出すことがうまくいく場合が多い。

6 動作法の展開

動作法導入当初は、本人が自発的に一人で行うことを除いては、援助者と二人で行うことに意義がある。援助者がいてこそ、指示・誘導により、動作方向や速度などをどうすればよいのかがわかるし、フィードバックによって動作遂行中の気づきや努力も促進され、結果に対する認知も明確になる。他者と共同作業を行うこと自体にも意義があり、対人認知の変化も生じる。

しかし、援助者と二人で行う動作法に習熟した時点で、被援助者一人で行う動作法を勧めてみることもできる。動作法では、援助者に次に会うまでの間に、多くの被援助者は一人で努力するし、援助者はそれを制限することはしない。むしろ、「ちゃんとできるように練習しておきなさい」と指示することもある（ただし、1日何分、何回のような指示ではなく、アバウトな指示である）。

したがって、動作法の展開として、援助者と二人で行うことを卒業することは、自然な流れといえる。そして、一人で行う動作法においては、「自分で自分のからだの不具合を探すこと、からだの感じの微妙な変化をとらえること、日常生活のなかに動作法を取り入れること」にも、心理学的に大きな意義があると考えられる。

7 課題設定と効果

（1）こころのアセスメントとからだのアセスメント

被援助者の心理的な不調とその回復方法や予後については、動作法の適用が必要か適当かの判断も含めて、初回面接だけではなく、継続的な面接（入所施設では日常的なおつきあい、観察を含む）を通してアセスメントし、見立てて（推察、構築して）いく必要がある。その際、動作法実施の過程においても、援助者が把握するものも多いことから、動作法自体がこころの状態のアセスメント手段でもある、という認識が必要である。

一方、動作法としては、被援助者のからだの状態のアセスメントも必要である。しかし、こころのケアとして行う動作法では、肢体不自由訓練ではないので、全身のすべてをチェックする必要はない。特に、からだの状態を調べるから床に寝るようにという指示は、被援助者の拒否を招くことがある。したがって、からだのアセスメントは、坐位および立位の姿勢の歪み程度をつかんでおき、詳細な状態は、動作法を実施するなかで把握していけばよい。

ったように、「○○な状態の人には□□動作課題を実施する」のごとく、被援助者の状態像と、こころのケアとしての目標と動作課題を、安易にセットにするということではない。安心や人間への信頼感が低下している人なのか、不安定でイライラしているため認知的視点の変更が必要な人なのか、現実感が低下している人なのかなどによって、身体を動かす部位や身体運動としては同じであっても、援助者が指示する動作課題に込められた「（設定された）こころのケアとしての課題性」すなわち体験課題は、目的によって異なる、あるいは強調点が異なるという意味である。

たとえば、自信が低下している人には、「取り組んだ」→「できた、乗り越えた」という実感」を提供することが必要である。そのためには、比較的簡単であって変化の実感が得られやすい動作課題から導入し、最初のうちは少々の精度には目をつぶって、うまくやれた側面を強調してフィードバックし、徐々に課題の困難度や要求する精度を上げていく。イライラしている人には、ゆっくり正確に動作することや、中途半端な位置で動作を止めて待つような課題を盛り込むことが、状態のアセスメントにもなり、主体の活動の仕方の変化にもつながる。

（2）動作課題の設定

動作課題の設定では、被援助者の安心や安定と、前向きな活性化を目的として、アセスメントによって見立てられた、被援助者のねらうべき「主体の活動の仕方の変化」を考慮した課題性を盛り込むという。しかし、他者への信頼感が低下している人へは腕上げ動作課題を行うといって核心とは離れた動作課題から始めることもある。

被援助者のこころの状態が強く現れている身体部位、および動作に最初から取り組むかどうかは、被援助者の心的強度や健康度の見立てによって判断する。いきなりその部位・動作に取り組み悪化してしまうことによって、より不安定になる可能性がありそうな人には、あえ

また、自らこころのケアを求めているわけではない認知症高齢者などの場合は、支えなく一人で座る、重心を移動しながらしっかり歩行するなどのように、本人にとってわかりやすく、かつ「課題取り組みの仕方」において「コントロール」が難しくなっている。導入・継続がスムーズにいくことが多い。

身体に触れるだけで「人殺し！殺される！馬鹿野郎！」と大騒ぎし、援助者の髪の毛をむしったり、ちぎったり、叩いたりしていた認知症高齢者が、「こっちの足に体重を乗せて！ほら、もっと腰を出して！……そう！ほら、うまく乗れた。ぐっと安定しているでしょ」と、半歩出した足に腰を乗せることができた途端に攻撃をやめ、「あら、ほんと！」と笑顔を見せるような例も多い。

(3) 動作法の効果

こころのケアとしての動作法の対象となる人は、自分のからだに対するコントロールが利きにくくなっている。すなわち、「上手に力を入れたり抜いたりすることが、不器用になっている」。

力を入れられないことについては、全身に脱力感があったり、フワフワして地面をしっかりと踏みしめることができずに、しっかり歩けない人もいるが、たとえば「肩胛骨（けんこうこう）を回し上げる」のような単位動作を遂行する際の不器用さとしても現れる。力を抜けないことについては、からだ全体に強い緊張がありカチカチになっている人もいるが、全身がカチカチでなくても、単位動作を遂行する際に妨げとなる慢性緊張として現れている。また、どちらかが目立つケースもあるが、どちらの場合であっても両方を有しており、結果として姿勢の歪みや動作的不器用さが生じている。

本書では慢性緊張を、無意識的に入れている力みというとらえ方をしているが、心理的に不安定・不活性になっている人は、主体の活動の仕方において「コントロール」が難しくなっている。また、こだわり、とらわれ、思い込みから離れることができず、そこに気持ちが集中してしまう状態や、現実感を感じてしまう状態、あるいは行動をやめたくてもやめられない状態などは、無意識にコントロールされている状態に陥っている人、ととらえることができる。

動作法は、コントロールできない無意識的動作を意識化し、そのコントロールを取り戻したうえで再び無意識化する、という体験を提供する技法であり、まさに主体の活動の仕方に変化を及ぼす技法である。

動作法の遂行プロセス全般において、被援助者は主体性・能動性を発揮せざるを得ない。思っているだけではできない課題の困難さや、意図をズレなく実現するための客観視は、実感としての身体感覚や、意図をズレなく実現するための客観視は、実感としての身体感覚や、現実感を形成する。援助者との共同作業による他者の受け入れや信頼は、自己の受け入れにつながり、達成感・成功感による自信は、自己存在感を形成していく。

このような、動作法が形成する心理的な活性化は、躁状態のやみくもな活性化や、認知症高齢者の問題とされる行動のようなやり場のないストレスの発露としての活性化ではなく、ゆっくりと落ち着いて、現実感を持って、しなやかに自分をコントロールしつつ行動する活性化である。

筆者の動作法の実施事例によって得られた効果として、以下のようなものを挙げることができる。

（1）主体性（私が）、能動性（する）、心的な前向き矢印の維持、形成。
（2）不安・イライラ・あせり・怒りの低減。
（3）有能感・自信・プライドの維持、形成。
（4）社会（集団）における自己存在感・帰属感の維持、形成。
（5）心的な内向き矢印と外向き矢印の「バランス」の維持、形成。
（6）非現実に対する非現実感、現実に対する現実感の維持、形成。
（7）視点の変更。すなわち、脇に置いておける余裕、こだわり・とらわれ・思い込みの低減などの、客観視点の維持、形成。
（8）満足・納得・感謝など、正の主観（認知）の維持、形成。
（9）心的柔軟性（しなやかさ）、適応力の維持、形成。
（10）しゃきっと芯が通った心的構え、困難への対応力の維持、形成。
（11）他者への信頼感・親和感の維持、形成。
（12）まあいやという自分自身の受け入れ。
（13）10（できる）か0（できない）ではなく、細かいステップの認知と、中途半端の受容。

これらについては、相互作用や原因・帰属の関係も考えられるが、結果として「心理的な安定と前向きな活性化」が形成されたと判断できき、終結することができており、30年間の臨床実践において「きわめて短期間に効果が現れ、揺り返しが少ない」ことが、大きな特徴といえる。

動作法によるこころのケアは、一例ももない。

（4）動作法の安全性

動作法は、「自分で、ゆっくりと、感じを味わいながら」動作し、もし痛みが感じられるところまで動かしたとしても、「イタイのタまで動かさずに、最初のイで止めて待つ」ことを基本とする。したがって、このような動作で筋の断絶などの事故が起こることはない安全な技法といえる。

なお、若い女性に男性援助者が実施する際には、密室で二人きりで実施せず、経過を録画するなどの配慮が必要である。特に、関係妄想が強い精神疾患がある被援助者には、同性による実施を原則とする。一方、必要以上に何度も「肩に触っていいですか？」のように尋ねることは、被援助者の不安を誘発することになり、むしろ嫌らしさが増す。そこで、特に配慮が必要な被援助者を除いては、医師の診察や介護職の身体介護同様にさりげなさが必要であり、「触る」という発想ではなく、「支援する（支える、誘導する、合図を送るなど）」という発想で実施すればよい。

第3章　動作法の実際

本章では、こころのケアを目的とする動作法の実施手順を紹介する。もちろん、これらは筆者なりのやり方であり、かつ典型例的に紹介したものである。筆者自身も、基本は基本として、相手に応じて、あるいはリアルタイムな必要性に応じて、援助の仕方を柔軟に変更している。

応用の視点としては、コミュニケーション重視か、リラクセイション重視か、三次元現実空間である外界対応（軸作りとしなやかさ）の重視か、という三つの視点と、総合的な達成感・変化感か、局所的な困難乗り越えかという二つの視点を組み合わせている。

なお、動作法を実施する際の援助者・被援助者の服装は、身体のリハビリテイションではないので、体操服のようなものに着替える必要はなく、普段着でよい。しかし、援助者・被援助者ともに動きやすい服装である必要があり、スカートはやめたほうがよい。被援助者の服装については、厚手の服では身体の線がわかりにくかったり援助する手が滑ることがあるので、ある程度身体にフィットした服のほうがよいし、二枚着ている人は、上着を（特に冬場はフードのついた上着は）脱いでもらうようにする。

援助者の服装については、指輪や時計を外し、ブローチや長いネックレスなど、被援助者に当たる可能性がある装飾品、あるいは首からぶら下げているIDカードなどは身につけないようにする。要は、固い物、尖った物などが被援助者に当たらないようにすることが大切であり、動作課題にもよるが、基本的にはズボンのベルトもないほうがよい。

第1節　肩・胸周り（肩胛骨（けんこうこつ））の動作

●●●●　1　基本解説　●●●

肩・胸周りの動作は、力みとり動作法の基本的動作課題である。あぐら坐位あるいは椅子坐位で行う。あぐら坐位は、パイプ椅子のように脚を交差させないで座る。椅子坐位は、パイプ椅子あるいは丸椅子のように肘掛けがなく、座面が水平で固い椅子を用いる。そして、写真18

のように、背もたれに背をつけずにまっすぐな姿勢で座るように指示し、脚は投げ出さずにほぼ90度に膝を曲げて、両膝はつけずに軽く開いて太腿を平行にして座る。股関節の慢性緊張が強く、あぐら坐位をとることが困難な高齢者などには、椅子坐位で行うことが多い。

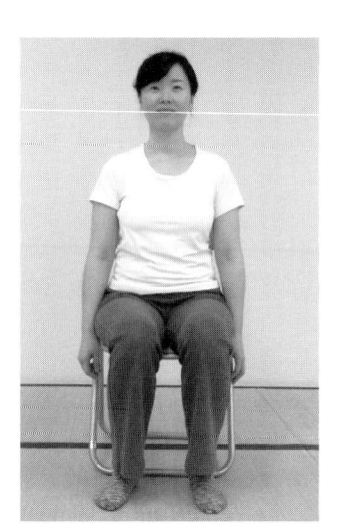

写真18　パイプ椅子坐位の姿勢　　写真17　あぐら坐位の姿勢

　肋骨のある背中部分が固まってしなやかさを失うと、固い塊を乗せて生活しているようなもので、からだの動きによって生じるさまざまな力をその部分で柔軟に吸収することができず、他の身体部位に負担をかけるという悪影響を及ぼす。また、その部分が猫背状に丸まったり側湾状に歪むことで、姿勢全体に悪影響を及ぼす。したがって、肋骨のある背中部分を、本来動く方向に、本来動く量だけ、自由にしなやかに動かせることは、身体的にも大切である。
　こころのケアとしても、心理的に不安定・不活性になっている人のほとんどは、この部分が固くなっている。したがって、身体的に問題であることを援助者・被援助者が共有したうえで動作課題として設定しやすく、改善のプロセスにおいて、さまざまな気づき、努力の仕方の工夫・発見、成功感・達成感などの体験が得られやすい。
　従来は、「肩上げ」「肩開き（胸開き）」のような動作課題名を使用していたが、いわゆる肩甲骨を自由に動かすためには、肩甲骨が自由に動かなければならない。また、胸を自由に開くためにも、肩甲骨が自由に動かなければならない。したがって、本書では「肩（肩骨）」ではなく、「肩胛骨」を動かすという視点と表現を採用する。もちろん、認知症高齢者のように、少しでも理解できないことに対して拒否感を示す者に対しては、「肩を動かしましょう」のように「肩」という表現を使用してもよい。しかし、肩胛骨というふだんは意識しないことが多い部位に注意を向け、その動かし方という課題に挑戦すること自体に意味があるともいえる。

2 肩甲骨の動作

肩・胸周りの動作課題としては、①肩甲骨の回し上げ下げ、②肩甲骨のスライド開き、③肩甲骨の背骨軸開き、④肩甲骨の体側回し、そして、⑤胸板立て、などがある。

a 肩甲骨回し上げ下げ

これは肩甲骨を背面から見て、回しながら上げ下げする。図12のように、背骨側の上部を軸（軸といっても若干スライドする）に、肩甲骨を背面から見て回すことで、結果として肩甲骨が上がるようにする。

図12 肩甲骨の回し上げ

このとき、図13に示すような、肩骨をまっすぐ上方向に高く上げようとする「垂直上げ」（腋が開きやすく、背骨も歪みやすい）ではなく、また、肩の筋肉を締める力により肩骨を横方向に押しつけるようにして上げる「すくみ上げ（肩をすくめるような上げ方）」でもなく、（結果として肩の筋肉は縮むが、縮めるのではなく）肩甲骨を回し上げることにより、肩骨が低い円弧軌道を描いて上がっていく「回し上げ」になるようにする。うまく筋肉が縮むと、肩骨が（耳ではなく）

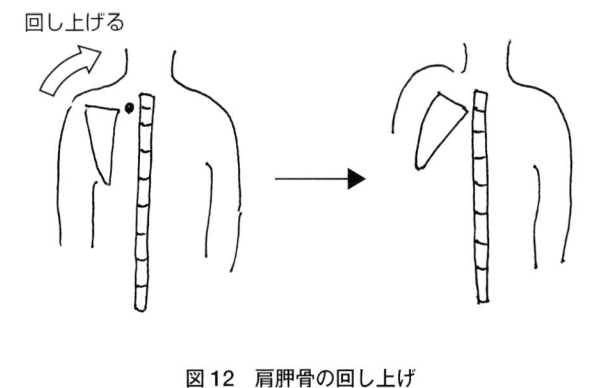

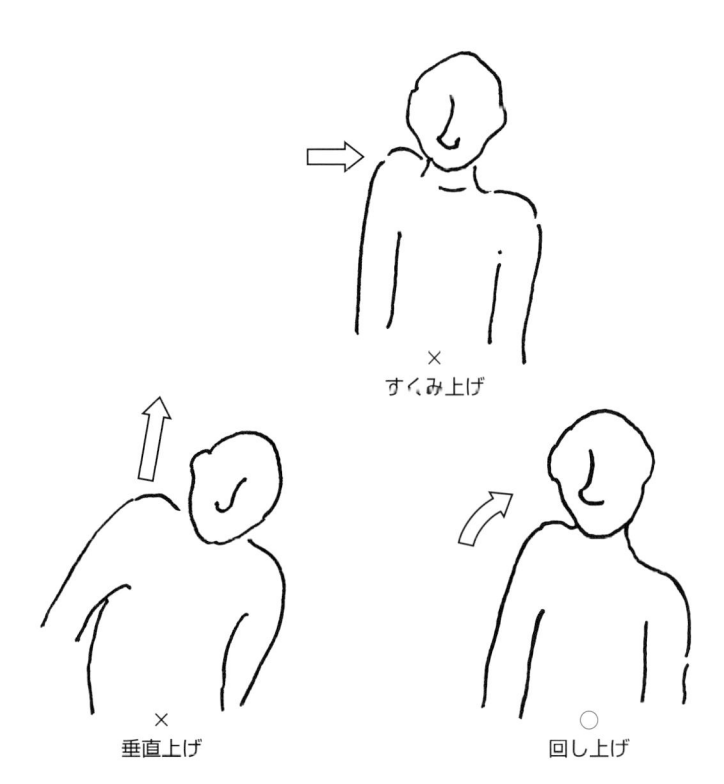

図13 肩甲骨の回し上げ方法

首の位置にくっつく。困難な課題であるが成功感が大きく、首の付け根が弛むので肩こりもとれやすい。

b **肩胛骨のスライド開き**

肩胛骨のスライド開きは、図14に示すように、肩骨を後ろに巻くように回して、肩胛骨を背骨側にスライドさせて、結果的に浅く開くようにする動作である。これは、野球やソフトボールの投手が、フェンジングの構えのようなATNR（非対称性緊張性頚反射）ポーズをとる際に行う動作であるが、肩胛骨が横方向に抵抗なく動くための筋肉の柔らかさが必要である。

この肩胛骨のスライド開き自体を、肩胛骨の横方向の動きの自由度を増す動作課題として実施することもできるが、後述の「4 手続きの例——肩胛骨回し上げ下げ」に示すように、猫背傾向の被援助者に対しては、後ろ方向にある程度スライド開いた状態で、aの肩胛骨回し上げ下げを行うことで、肩胛骨上部の慢性緊張をとる動作課題とす

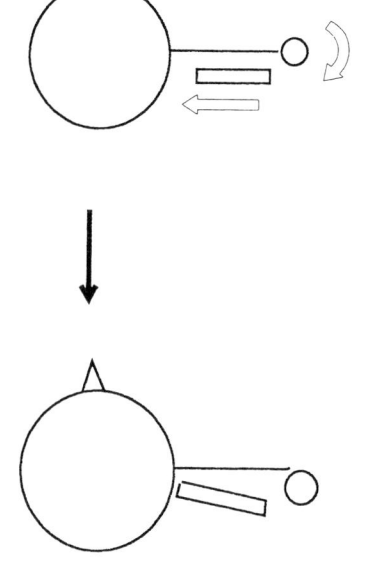

図14　肩胛骨の後ろ方向へのスライド開き

ることができる。

c **肩胛骨の背骨軸開き**

これは、bのスライド開きが「胸面は動かない」のに対し、胸面も含めて背骨を軸に開く動作である（図15）。背が反らないように注意して動作することが必要であるが、あばら骨を開く爽快感があり、「気持ちがいい」と感想を述べる被援助者が多い。

肩甲骨のスライド開き　　　肩甲骨の背骨軸開き

図15　二種類の肩胛骨開き

d 肩胛骨の体側回し

これは、肩胛骨を体側から見て時計回り、反時計回りに回す。a、b により、肩胛骨周りの慢性緊張がとれて自由に動かせるようになったことを確認する意味で、実施することが多い。

e 胸板立て

仕上げとして、猫背姿勢を修正する動作である。

動作法においては、身体の感じ（動作感）をとらえ、味わうことが重要なので、両肩胛骨ではなく、cの肩胛骨の背骨軸開きは、胸面が開くことに意味があるので、両肩胛骨を開くことを動作課題とすることが多い。また、aの肩胛骨回し上げ下げにおいても、状況や対象者に応じて、両肩胛骨を回し上げ下げすることを動作課題とすることもある。

●●● 3 援助者の働きかけ方 ●●●

肩胛骨の動作課題に限らず、こころのケアを目的とする動作法では、「自分のからだに注意を向けること」「動作や姿勢改善のための努力を開始すること」「自己存在としての動作感を味わいつつ、動作すること」「少々困難な課題に立ち向かうこと」「力んでしまう自分に気づき、力まず乗り越える方法を身につけるなど、課題への対処の仕方に気づき、良い対処の仕方に変えること」「変化の実感を味わい、成功感・達成感を得ること」などが体験課題として大切である。

身体的には、不要な力みをとり、最低限の力で姿勢を保ったり動作できるようになり、足首・膝・股関節・背骨などの関節を自由に動かして、力みのないしなやかな身体にする。心理学的には、そのような体験のプロセスにおいて主体の活動の仕方のパターンを変えていくことになり、「動作課題への取り組みを通じて、腹を据える、距離を置く、まあいいやと感じる、他者への信頼を感じるなどの認知的変化をし、処理の仕方が変わることで態度や行動が変わる」といった新しい体験の仕方（生き方）を身につける。援助者は、被援助者のそのようなプロセスにおいて言語的・非言語的に働きかけ、かかわることになる。

●●● 4 手続きの例――肩胛骨回し上げ下げ ●●●

こころのケアとしての動作法の実施を必要とする人の多くが、肩・胸周りが固くなっている。肩胛骨回し上げ下げは、動作課題としてわかりやすく、かつ、微妙なからだの感じに注意を向ける体験を行いやすいことなどから、動作法の導入時に用いられることが多く、基本的な動作課題といえる。

ここでは、動作法初体験の被援助者に対する初回の実施を想定して、その手続きなどを解説する。当然ではあるが、2回目以降の実施時には省略する内容もあるし、被援助者の状態像や、動作法の実施目的、マンツーマンで行うのか集団で行うのかなどの実施状況によっても、変わる内容もある。

なお、この肩胛骨回し上げ下げの手続き解説において「動作法にお

ける援助の仕方の基本」を解説するので、次項以降では、類似重複する内容は省略する。

（1）何をするかの課題の提示

「ちょっとこちらの肩（あるいは腕）を上げてみてください。あれっ、そこまでしか上がらないの？」のように大げさに驚いてみせて導入してもよいし、「肩凝りはないですか？」「ストレスでけっこう肩にいらない力を入れて、それが固まっていることがあるんですよね」などと話しかけ、「力をとりながらスムーズに肩を上げる練習をしてみましょう」のように導入してもよい。

この時点では、後に肩胛骨の動きに注意を向けさせる被援助者であっても、「肩胛骨（けんこうこつ）」という聞き慣れない言葉は使用しない。肩こりはないなど主張する人には、「じゃあ、確かめてみましょう」と動機づけなければよい。事実、自体感（自分のからだの感じ）が希薄になっている人、からだの感じに注意を向けられなくなっている人も多く、明らかに凝り固まっているのに何も感じないという人や、明らかに変化したのにまったくわかりませんという人も多い。そのような人は、感じることができるようになること自体が体験課題となるし、変化の指標ともなる。

また、肩に関しては、筋肉が固まりすぎて凝りを感じなくなっている人もいる。そのような人は、少し弛むと肩凝りを感じ出すので、「ほぐれて血行がよくなると、肩凝りを感じるようになることがあります。その場合は、動作法をやめるのではなく、本当にほぐれて肩凝りがなくなるまでやらなくてはだめです」と説明する。

（2）肩胛骨の確認

援助対象によっては不要であるが、動作課題に入る前に肩胛骨の存在を意識し、確認する作業をする。援助者は、被援助者の肩胛骨の縁に沿って最下部からなぞりながら、「ここ、骨ですよね。わかります？」「肩胛骨の縁は、こう、こういう形」などと声をかけ、肩胛骨の骨形を二人で確認する。さらに、縁に触れたまま被援助者に肩胛骨を上げたり腕を上げることで肩胛骨を動かさせて、「ほら、上がりますね」とその移動具合を確認する。多くの人は肩胛骨の存在に注意を向けずに生活しており、「ああ、こんなふうになっているんだ」「ああ、こう動くんだ」などの気づきや興味が得られる。

マンツーマンではなく集団で動作法を行う場合は、被援助者の特性によっては、被援助者同士が組みになって実施してもよい。そのとき肩胛骨周りの上下左右すべての筋肉の伸縮に注意を向けて、コントロールすることを、動作課題とすることができる。

このように、「肩骨を上げる」ではなく「肩胛骨を回し上げる」という意識を持つことで、首・肩骨ラインの筋肉だけではなく、肩胛骨周りの上下左右すべての筋肉の伸縮に注意を向けて、コントロールすることを、動作課題とすることができる。

（3）被援助者の動作具合の確認

肩胛骨の回し上げ下げ動作課題は片方の肩胛骨で行い、次に反対側の肩胛骨についても行う。以下は、右の肩胛骨での例を取り上げる。

まず、援助者は被援助者には触れずに、「ゆっくり右の肩胛骨を回

第3章 動作法の実際

し上げてみましょう」と自由に肩胛骨を上げさせて、どの方向にどのように動かすのかを観察する。自由に上げた方向が、その人にとって一番楽な方向である。ストレスなどで肩・胸周りが固くなっている人は、肩骨がハの字に前方に巻き出ていて、背側には動かしにくくなっている（胸が開きにくくなっている）ことが多い。なお、動かす方向がわからない被援助者に対しては、「こう動かしましょう」と、援助者が他動的にゆっくりと少し動かして方向を示す。

被援助者が肩胛骨を回し上げる方向と量を確認したら、次に「では、ゆっくり下ろしてください。ゆっくりですよ」と、下ろし具合を観察する。

（4）援助者の手の当て方

手の当て方は、軽く手のひら、および指の腹全体を当てるようにする。あくまで動かすのは被援助者であり、援助者は被援助者の肩骨の動きや緊張の具合など、伝わってくるものがとらえられるように触れていればよい。援助初心者は自分の緊張から、被援助者の身体をなで回したり、触れたり離したりを繰り返したり、触れている圧を強くしたり弱くしたりすることがある。しかし、これは被援助者にとっては不快であり、いったん軽く触れたらそのまま圧を変えないようにし、動かさないようにする。

また、援助者自身の緊張から、動作法開始前に被援助者の肩の筋肉を揉んだり摩ったりする人がいる。これも、何をするのかが被援助者にわからなくなったり、後で「自分で動かしましょう」と指示しても、「私は揉んでもらうほうが気持ちがいいから、揉んでください」

と言われたりするので、揉みほぐしたり摩ったりはいっさい行わない。

肩胛骨回し上げ下げ動作課題の補助は、上あるいは斜め上からつまみ上げたり、押さえるように手のひらを当てる。写真19のように、方向を指示・誘導したり、必要な場合には支えられるよう、軽くくるむように指も当ててておくのが基本である。肩骨の下側の窪みに親指を当て、ほぼ水平に中指を回し反対側の窪みに当てる。この2本の指を、主たるコントロール指とする。他の指をそれに合わせて沿わせるようにくるむと、肩骨がかなり上がった時点での誘導や支えを行いやすい。

ただし、援助初心者はどうしても被援助者の動きが待てずに、肩骨を押し上げてしまったり、被援助者の動作よりも速く動かしてしまうことがある。そこで、援助の練習のために、あるいは被援助者に、他

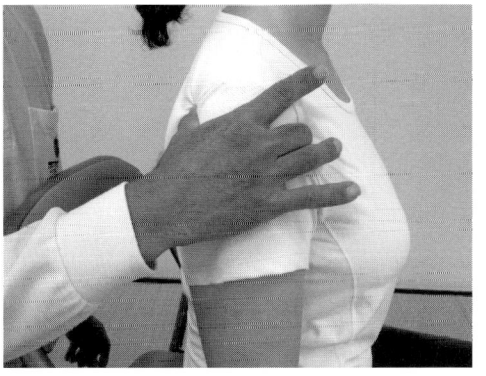

写真19 肩胛骨回し上げ下げ動作課題の手の当て方

者にしてもらうのではなく自分で動かすのが動作法であることを明示するために、**写真20**のようにあえて指を立てて手のひらだけで触れたり、指1本で行うこともある。なお、片方の肩胛骨を上げる（下げる場合も同様）ことにより、**写真21**のように体軸が傾かないよう（背骨が横に曲がらないように）、反対側の肩骨にも軽く手を当てておく。

なお、肩胛骨回し上げ下げに限らず、あぐら坐位で肩胛骨の動作課題を行う場合は、骨盤が後傾しないように、**写真22**のように援助者の脚による骨盤の支持を行うことがある。このとき、垂直を維持するために支えるのは骨盤だけであり、背中にまで脚を当てて支えないように注意する。

（5）方向決めと動作感を味わうことの教示

動作課題として少し困難性を高めるために、自由に肩胛骨を上げさせた方向（**写真23**）よりも、肩骨を少し後ろに巻き回して スライド開いた状態で（**写真24**）、肩胛骨を回し上げることを課題とする。

援助者は被援助者の両肩骨に手を当てて、右肩を被援助者に応じた肩胛骨スライド開きの状態を他動的に作って、「それでは、今度は私

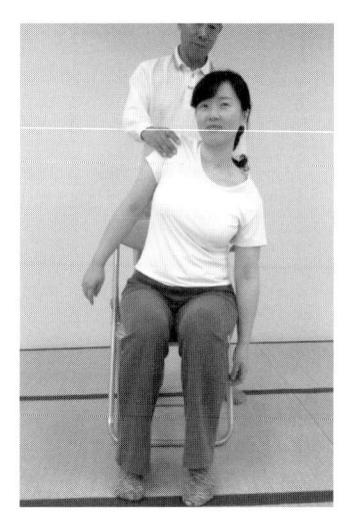

写真21　背骨が曲がった不適切な肩胛骨回し上げ

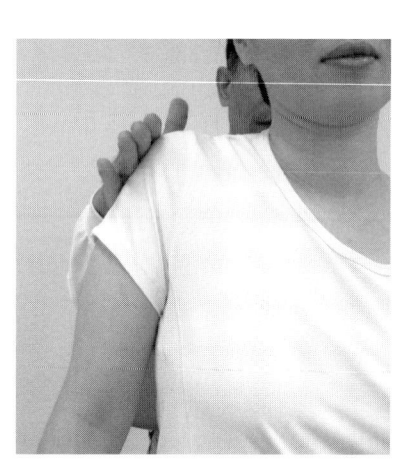

写真20　手のひらだけの手の当て方

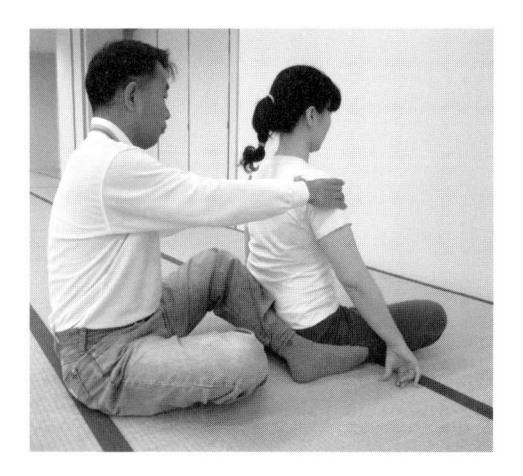

写真22　あぐら坐位での骨盤の支持

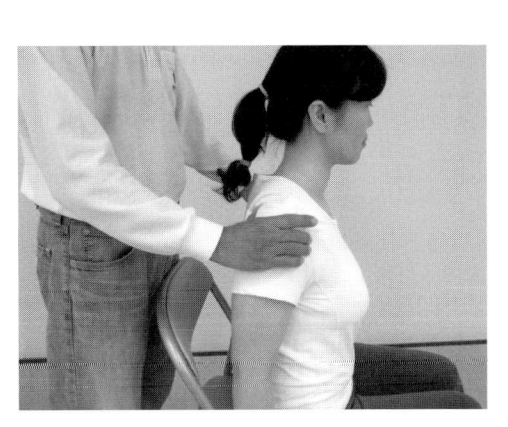

写真24　右肩胛骨を後ろにスライド開きした開始位置

写真23　肩胛骨を自由に上げた方向

が「せーの、ハイ」と言ったら、この方向に（軽く右肩を動かして動作方向を示す）、自分で、ゆっくりと、感じを味わいながら肩胛骨を回しながら上げていきましょう」のように、動作感を味わいつつ動作することを教示する。必ずしも「動作感」という用語を使用する必要はない。被援助者の特性に応じて、「肩胛骨」とは言わずに、「肩」と表現してもよい。

教示の大事なポイントは、「せーの、ハイ」と言ったら「自分で」「ゆっくりと」「感じを味わいながら」という言葉を入れることである。「せーの、ハイ！」というスタートの合図は、突然「ハイ、上げて」と言うよりも、「せーの」で心の準備をさせるためである。自分で動かすことを指示するが、「せーの」で速く動かしたのでは動作中の微妙に変化するからだの感じが得られず、軽い引っかかりを力まかせに通過して、一番固いところまでいってしまうので、ゆっくり動かすことと、および感じを味わいながら動かすことを、明確に指示する。

（6）被援助者の動作努力に対するリアクション

「せーの、ハイ！ゆっくり」と動作開始の合図をする。このとき、すぐに動作を開始しない被援助者もいるので、援助者は、待てずに他動的に動かすことのないように注意する。しばらく待っても動作を開始しない場合は、「こちらの方向にゆっくり動かしてみましょう」と少し他動的に誘導し、開始位置に戻して、「いいですか。自分で動かしてください。せーの、ハイ。自分で」と声をかける。

また、援助初心者は、自分の「せーの、ハイ」という合図に自分が反応して、他動的な力が入ってしまい、被援助者の肩骨を持ち上げて

しまうことが多いので注意する。また、援助初心者の場合、心的緊張により援助者自身の手首、肘、肩に力が入り、被援助者のゆっくりとした動きの抵抗となってそのようなことがあると自覚しておき、可能な限り自己コントロールするように心がける。

被援助者が肩胛骨を上げ始めたら、すかさず「そう、そう！」と応じる。援助者の指示どおりの動作（脱力を含む）が生じた場合は、「そう、そう」と褒めることで、被援助者は自分の動作に対する安心感や自信を感じることができる。からだの物理的状態も、それに対する「感じ」も連続的に変化するものであり、0.5秒以上の間を空けて「そう、そう」と言われても、どの動作が"そう"なのかわからなくなる。そこで、援助者は、手のひらに入力された被援助者のからだの感じに対しては、間髪を入れずに返すことが肝要である。

また、「うそ褒め」は絶対にしてはならない。被援助者が援助者の指示どおりの動作ができたり、被援助者のからだの良い変化が入力できたとき以外に「そう、そう」と言われたのでは、被援助者は良い感じに向けての努力の仕方がわからなくなる。

（7）緊張への気づき、困難への対面、乗り越え努力の体験

自由に肩胛骨を回し上げさせた方向よりも、肩胛骨を少し後ろに回し引いてから動作させると、動作に困難性が生じるので、被援助者は途中で前方向（楽な方向）に軌道をずらしたり、ギュッと勢いをつけて動かそうとすることが多い。それは、緊張や痛みを避けて肩胛骨を回し上げようとする「逃げの動き」なので、援助者はストップをかけ

て、「そうではなく、こっちに」「シャッと動かしてごまかさずに、ゆっくりと正確に動かしましょう」と声をかけて、方向を戻したり、スピードを指示して逃げずに困難と対面することを求める。

写真25のように、おおむね筋肉が縮まず膨れる）が出てくると、緊張や痛み（肩胛骨を上げていく動きが遅くなり、動きが止まる。「ん？ここまでですか？止まりましたね。どんな感じ？痛みが出てきた？」など、感じを聞くことでよりしっかりと対面させる。「痛いです」「痛くはないけど、これ以上は動きません」と答える被援助者が出てくると、援助者は「あれー。これは苦労が肩に出てるわ」のように、からだとこころの関係を暗示するような独り言をつぶやいてもよい。対象によっては、援助者の「ん？ここまでですか？」に対して、力を入れて無理矢理動かそうとする被援助者に

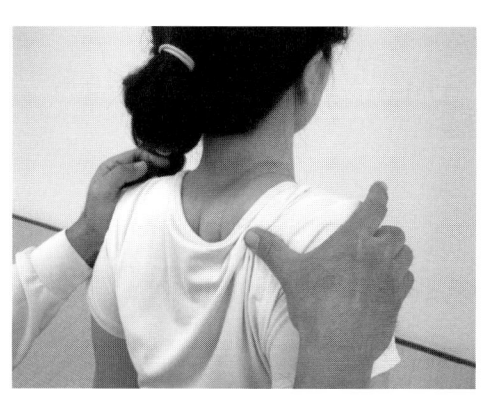

写真25　肩胛骨の動きが止まった様子

対しては、「あ、そんなに力んで無理矢理に動かさないでください。あくまで、しなやかなからだ作りが無理矢理に動かさないでください。あ自由に動かせるようになることが大切です」とストップをかける。

そして、援助者は「そのまま待っていると感じが変わってきます」と声をかける。被援助者が動かさずに待っていると、緊張の感じや痛みの感じが変化し、さらにコントロールすることを課題にするならば、より積極的に力みを意識し、「力みが入っているなあ……。その位置から動かさないようにして、力みだけ抜いてみましょう」（肩胛骨が下に落ちたり、戻らないようにして）と指示する。これは、不要な力みだけをとるという課題となる。肢体不自由でなければ、コツさえつかめば位置をとることは可能である。最初は、痛みや張りが出ている部位の力みをとることは困難なので、痛みや張りが出ている部位を頂点とする山の裾野（肩の筋肉を頂点とするならば、その前後の胸および背中の筋肉）に意識を向けさせて、その力みをとることから始めてもよい。

なお、援助者は被援助者の肩胛骨に手を当てているが、支えすぎないように注意する。肩胛骨が落ちてしまいそうになったときには、少し落とさせてから強く支えて、ゆっくり他動的に戻し、「トゲずに自分でこの位置を保ちながら、力みだけとりましょう」と指示する。

（8）力みをとれない、脱力の仕方がわからない人への援助

通常は、前項の〈7〉のように、「その位置を保ちつつ、力みだけとってみましょう」と指示しても、意識動作としての力みとりはでき

ないことがほとんどである。動作法としては、「できない体験」を動機づけとして用いるが、基本的には、「できるようになった（よい方向に変化した）体験」をいかに提供するかを工夫し、できない体験はしつこく行わずに、「変化した」体験、における心理的変化をねらう。したがって、動作中の痛みや張りが出ている肩、あるいはその裾野の胸や背中は動作中の部位であり、その力みをとることは目的課題である。しかし、動作中の部位ではなく、まったく必要もないのに緊張が入っていることがある。それが随伴緊張である（**写真26**）。

まず随伴緊張に着目する。

肩胛骨回し上げ下げ動作課題では、「こっち側に力が入ってない？抜いてみてください」と、反対側の肩（左肩）付近に入っている力みを指摘して、脱力させる（軽く左肩をタッピングしても（随伴緊張）を指摘して、脱力させる（軽く左肩をタッピングしてもよい）。すると、動作中の右肩胛骨の動きを妨げている力みもとれることが多いので（**写真27**）、「ほら、こっちも力みがとれた！」と、触れている手のひらに感じる被援助者の脱力をフィードバックする。そして、「さらに動かせるでしょう。ゆっくり動かして。ほら、動きますね」と、「力みがとれた感じの確認と、力みがとれると動き出すこと（動作を邪魔していたのは力みであること）の確認を行う。

あるいは、「じゃあ、この位置を覚えていてください。ちょっとだけ戻します」と、ほんのわずかであるが肩胛骨の位置を戻す（下げる）。戻すと気持ちもからだもホッとして、力みがとれることが多い。「ほら、少し戻したら全然感じが違うでしょ」「ほら、戻すと痛みが消えとってみましょう」と指示しても、意識動作としての力みとりはできたでしょ」と声をかけると、「はい。感じが違います」「はい。痛くな

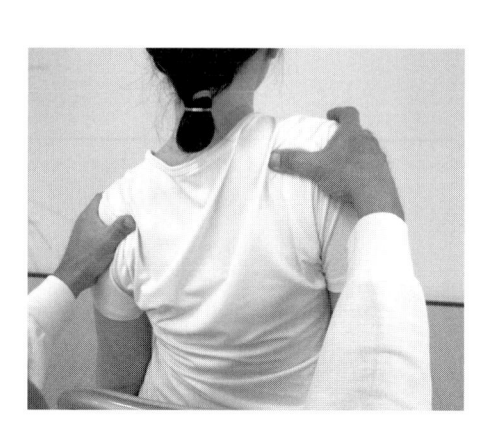

写真27　左肩の随伴緊張がとれた様子　　　　　写真26　左肩の随伴緊張

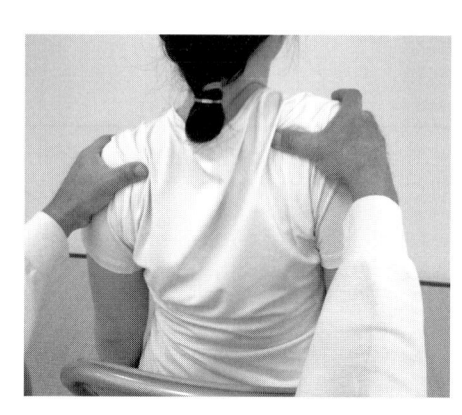

いです」などの返事が返ってくる。その状態でゆっくりともう一度、緊張や痛みがあった先ほどの位置に自分で戻させる。力みがとれたことにより、緊張や痛みの感じが消えたり、薄らいだりしているので、「はい、ストップ。ここがさっきのところ。あら不思議、さっきと違っていけそうな感じでしょ」と確認する。たいていは、「ええ、痛くないです」「ええ、いけそうです」と答えるので、「じゃあ、ゆっくり動かしてください」と先に進める。

コツは、「この位置を覚えていて」と戻す前の位置を記憶させておくこと、「ちょっとだけ戻して」と大きくは戻させないこと、「ストップ。ここがさっき痛かったところ」と先ほどの位置を通りすぎないように（弛んでいるので、通りすぎて先に進みすぎるため）止めることの3点である。この体験も、自分の力みが動作を邪魔していたという認知の形成と、力みをとることができた体験となる。

なお、「少しだけ戻しましょう」と肩甲骨を戻したときに、力を抜きすぎて肩骨がストンと下がってしまう被援助者がいる。その場合には、「戻すのも力んで戻す、力みがまったくとれない被援助者もいる。これは、戻すのも力んで戻す、という活動の仕方をしている人である。そのような場合は、援助者は触れている手の感触で力みがとれていないことがわかるので、「うん。あくまで力んでますね。持っていてあげるから全部力を抜いてみてください。そうです。今離すと肩胛骨が落ちてしまいますね。では、少しずつ力を入れて。ストップ。上手！ それぐらい。それぐらいが肩胛骨が落ちないギリギリの力です」のように、力の入れ具合をコントロールする体

験をさせる。

上記いずれかの方法によって、「力みがなければ痛くもないし、もっと動かせること」を体験させた後に、「さらに肩胛骨をゆっくりと上げさせる。次に引っかかった位置で、前項の（7）のように、「その位置を保ちつつ、動きを邪魔している力みだけをとること」に挑戦させる。

このように、数回、緊張や痛みに対面し、乗り越える体験をさせつつ肩胛骨を上げていき、「けっこう上がりましたね」と動作努力と結果を誉める。

（9）脱力感・開放感を味わう

どこまで肩胛骨を回し上げさせるかについては、身体のリハビリテーションを行っているわけではないので、緊張や痛み（軽い痛み）に対面し、力みのコントロールを練習しながら乗り越える体験が、1回の肩胛骨上げ動作課題において2〜3回できればよい。また、こころのケアを目的とする動作法においては、セッション終了後に、総合的（最終的）に被援助者に「痛かった」「辛かった」「できた」ではなく、「ああ気持ちよかった、すっきりした」という体験を必ず提供することを、念頭に置く。

そこで、ある程度肩胛骨が上がったら、「ほら、ずいぶん上がりましたね」と努力を誉め、「それでは、ゆっくりと肩胛骨を回し下ろしていきますよ。まだですよ。せーの、ハイ、ゆっくり！」と、ゆっくりと肩胛骨を回し下げながら脱力感・開放感を味わうようにする。肩胛骨の回し下げ動作については、ストンと単に力を抜くのではなく、逆に強い力を入れて無理矢理下げるのでもなく、力を抜きつつもスピードをコントロールしながら、動作として「滑らかに下げている」感じを出しながら動作するように指示する。かなり下がってきたら、側面に当てていた手を肩骨の上に載せ替える（**写真28**）。被援助者の動きが止まったら、「あれ？ ここまでですか？ もっと下がるでしょ」と声をかけ、軽く指先で1回だけタッピングをする。

ほとんどの被援助者は肩や肩胛骨付近に力みを入れて生活しているので、まだ脱力できる位置で肩胛骨を回し下げる動きを止めて、「ここまでです」という態度をとる。「まだ下がるでしょ」と声をかけられてはじめて、「え？ そうかな？」とさらに力を抜く努力を試み、スーッと肩骨が下がっていくことで、「あ、そうなんだ」と自分の力みに気がつく。これも、普段力んで生活していた自分を知る体験になる。

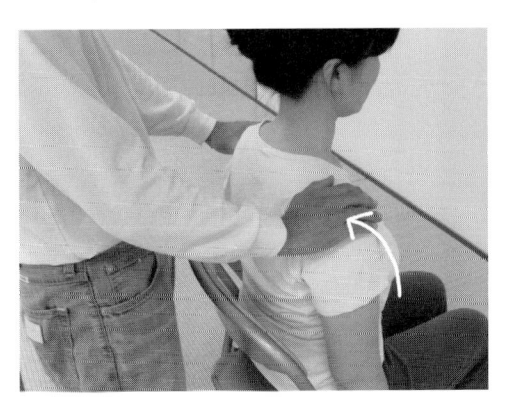

写真28　肩胛骨回し下げにおける手の載せ替え

普段の位置からのさらなる被援助者の肩胛骨回し下げは、もちろん不要な手続きである。また、援助者がまだ下がると思っても、実際には下がらない被援助者もいる。下がる場合はすぐに下がるが、下がらないときは少々待っても下がらないので、その場合は粘らずあわてず、（そういう人もいて当然という口調で）「ああ、ここまでですね」と終了すればよい。

（10）イメージを併用してさらに脱力させる

緊張後の弛緩体験をすると、からだの感じとしてのジワッとした脱力感が継続しやすい。そこで、身体感覚イメージを併用して、さらに弛む感じを引き出す。いつもの自分の肩骨位置から、「まだ下がるでしょ！」と促されてさらに肩胛骨を下げた被援助者に対し、「はい。そうしていると、指先がジーンとしてきて、さらに力が抜けて、肩がジワーッと下がっていきます」と少し暗示的に教示し、被援助者の（肩骨の上に載せている援助者の）手に圧を加え、さらなる脱力を誘導する。このとき、実際に肩骨が下がる量はわずかな量なので、援助者は手のひらがとらえる被援助者の微妙な脱力を逃さないようにフィードバックする。

弛みのパターンとしては、ジワーッと連続的に弛んでくるパターンと、スッスッと段階的に弛んでくるパターンがある。前者に対しては「そ、そ、そ、そっ」、後者に対しては「そう……そう……そう」のように、弛みのパターンを言語化してリアルタイムに伝える。

（11）最後に、良い体験であったことを共有する

援助者は、もうこれ以上待っていても弛まないと判断したら、「はい。すっかり力が抜けました」と褒める。このとき、被援助者の顔を見て、被援助者の肩を1回さすってもよい。そして、被援助者の顔をのぞき込みながら自信のある口調で、「気持ちよかったでしょ！」などの声かけをして終了する。

自分の体験に自信がない被援助者に対して、「どうでした？」「気持ちよかったですか？」のような問いかけをして終了すると、「うーん……」と考え込んで、「よくわかりません」「別に気持ちよくもなんともないです」「そう……」のような返事が返ってくることがある。行った体験に自信がない人や、自分のなかでの位置づけに迷っている人に対しては、顔をのぞき込んで反射的に「はい」と返答させることで、被援助者は自己暗示的に気持ちのよい体験をしたという気分になる。

しかし、ときには「いいえ。全然気持ちよくはありません」のように攻撃的に言い返してくる被援助者もいる。そのような場合は、「そうですか。でも、からだは確かにほぐれていますから、それを気持ちよく感じられるようになるといいですね」とさりげなく返せばよい。

このような声かけの仕方については、把握している被援助者の特性に応じて、断定的な言い方をしたり、断定はしない言い方、本人の意向を尊重するような言い方など、臨機応変に使い分ける。援助初心者の場合は、援助者の不安や自信のなさが以心伝心的に伝わることがあるので、今、自分にできるベストを尽くしているという自信を持って動作法を実施し、堂々と声かけをするように、心

に心がけるとよい。

このような過程を1セッションとし、2～3回程度繰り返す。2回目は1回目よりスムーズに動作できることが多く、被援助者の自信につながる。同じ動作課題を何回、何分程度行うのかについては臨機応変であり、被援助者が自分の動作改善に積極的に取り組んでいるのであれば、回数や時間をかけてもよい。

しかし、1セッション（各セッション）のなかで、被援助者に必ず成功感や達成感が得られるように課題設定をし、進行・支援をすることが基本である。そのために援助者は、被援助者の動作中の微妙な動きや緊張などの変化をもとらえうる敏感なセンサーを手のひらに備えなければならない。そして、変化を感じたら間髪を入れずにフィードバックし、肩甲骨が上がった上がらなかったといった大雑把な結果に対してではなく、リアルタイムかつ、微妙な努力や変化に対する小さな成功感、達成感を、1セッションのなかで数多く与えることに努めなければならない。このことは、単に成功感や達成感の提供にとどまらず、被援助者が新しい気づきや価値観の変更を含む認知の仕方を変えていくことにつながっていく。

なお、右肩甲骨の回し上げ下げを行った後には、左側との感じの違い（右側が弛んだ感じ、右肩だけ下がった感じなど）を味わってもらい報告させ、左側に不全感が残らないように、左肩甲骨の回し上げも必ず行う（もちろん、左右はどちらを先に行ってもよい）。多くの被援助者は、片方の肩甲骨の動作で学習したことを反対側の肩甲骨の動作に活かすことができる。

すべてを終了して別れる前には、「どうでしたか？」と被援助者に今回の動作法を行った感想を言わせる。これは、被援助者にとっては、行ったことを整理し自分のなかで位置づける作業となり、援助者にとっては、主観的にモニターしたことの確認や修正になる。

(12) メイン課題に伴う動作課題

肩甲骨を回し上げていく過程で、どうしてもゆっくりと、なめらかに上げることができず、ガクガクと段付きの動作になってしまう被援助者がいる。また、肩甲骨を回し上げる動作に、腋（わき）が開くという動作が伴う被援助者もいる。上げた位置から肩甲骨を回し下げていく過程でも、ガクガクと段付きの動作になってしまったり、すとんとザロリラクセイションをしてしまう被援助者もいる。

このような動作の不器用さは、緊張や痛みに突き当たっての力みとりという肩甲骨回し上げ下げ動作課題のメイン課題に伴う動作課題ということができ、それぞれが被援助者自身によるコントロール、改善の課題となる。

写真29のように、肩甲骨を上げる際にどうしても腋が開いていってしまう被援助者がいる。

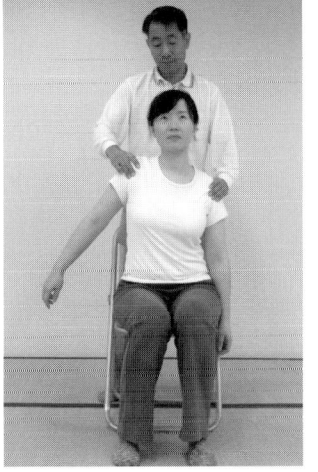

写真29 腋が開いてしまう被援助者

しまう被援助者に対しては、写真30のように、「腋を開かないこと」を動作課題として上腕に側面から触れて観察し、開き方向に力が入りそうになったら開きを押さえつつ、「ストップ。開きかけてきました。力を抜いてみましょう」と声をかけて、力の入れ方の変更を求める。ガクガクと段付きの動作になってしまう被援助者に対しては、「ガクガクする区間のみ」をなめらかに動かす練習をすればよい。動作速度が速い人に対しては、触れている手でブレーキをかければよい。脱力のコントロールが不器用で、すとんと一気に力を抜く人に対しては、肩骨を支えつつ力の抜き具合を調整する練習を行う。

なお、このようなメイン課題に伴う動作課題は、発見したらすぐに指摘し、修正を求めるかといえば、そうではない。「できた！」「できる！」という気持ちを持つことがまずは大切だと思われる被援助者

や、他者とともに何かに取り組むこと自体がとりあえずの課題であるような被援助者に対しては、あえて細かい指摘はせずに、メイン課題に取り組めたこと、成功したことを褒めるだけでよい。また、指摘を行い修正に取り組ませる場合も、「腋を開かないようにしつつ、ガクガクしないようにして、スピードはもっとゆっくり動かしましょう」のような、複数同時の指摘は行わない。指摘する課題は一つに限定して、それをメイン課題に設定して、集中して取り組ませる。

(13) セッションを通したやりとりの例

セラピスト（以下、T）「肩をゆっくりとこう上げてみましょう」（と言いながら、自分の右肩を上げてみせる。クライエントが真似をして右肩を上げる）

T「そう、そう」（このとき、クライエントの肩の上げ方の特徴を把握する）

T「肩骨をまっすぐ上に上げるというより、肩胛骨を回し上げるって感じで上げてみましょう」

T（クライエントの肩胛骨の縁に指を当てて）「ここ、ほら、骨があるでしょ。肩をゆっくり上げてみて、そう、ほら、動いていますね。これが肩胛骨です」（回転軸に指を当てて）ここを支点にして回る感じです」

T「あなたは少し肩が前に出て丸まっている感じなので、（両肩骨を少し後ろに巻き回して「両肩胛骨を軽くスライド開く」）こう、これくらい。これくらいが左肩・頭・右肩がまっすぐになった感じです。少し変な感じがしますか？」

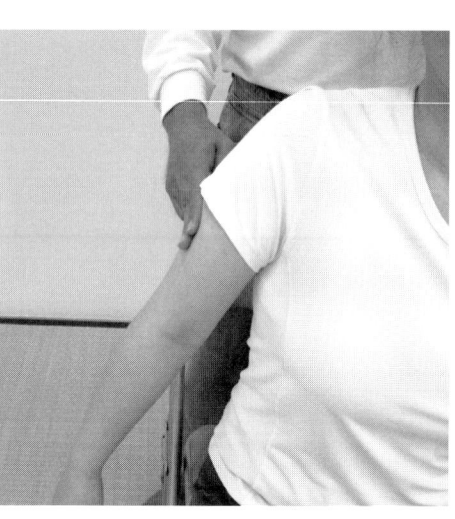

写真30 腋が開くことへの援助

第3章 動作法の実際

クライエント（以下、C）「ええ。胸がピンと張った感じです」

T「でも、これが客観的に見て、きれいな姿勢ですよ」

C「私は少し猫背なんです」

T「あー。じゃあ、猫背を直しちゃいましょう」

C「直りますか？」

T「だって、生まれたときから猫背ってわけじゃないでしょ（笑）。もうちょっと開いてみましょうか（さらに少し、右肩胛骨だけをスライド開く）。右肩をこのまま上に上げていくと、ちょっとつい感じが出るかもしれませんが、肩を前に出さずにまっすぐ上げていきましょう。（Cが上げ始める）あ、まだですよ」

T「これから私が『せーの、ハイ』と言います。私が『せーの、ハイ』と言ったら、自分で、ゆっくり、感じを味わいながら上げていってください。（Cが上げ始める）あ、まだですよ。少し、せっかちなのかな？」

C「いや……何でも早くやろうとする性格なんです」

T「そうですか。じゃあ、いきますよ。まだですよ」

T「せーの……ハイ、ゆっくり。（Cがすばやく上げる）あ、ストップ、ストップ。もう少しゆっくり、感じを味わいながら、（Tが他動でゆっくり上げつつ）これくらいのスピードで上げていきましょう（元の位置に戻す）」

C「はい」

T「じゃあ、もう一回いきますよ……せーの……ハイ、ゆっくり、（今度はCはゆっくり上げ始める）そう、そう！それくらいで。そう、そうです、上手！」

T「（Cの動きが少し遅くなってきたことを感じて）プ！少し抵抗が出てきましたけど、どう？どんな感じですか？痛くはない？」

C「はい。痛くは……全然ありません」

T「動きに……抵抗が出てきたのはわかる？」

C「いや……わかりません」

T「じゃあ、もう少し上げてみましょう。（Cが上げ始め、かなりスピードが落ちてくる）ストップ！ここはどうですか？少し張ってる感じでしょ」

C「ええ。痛くはないけど、動かしにくい感じですね」

T「少し力みが入ってきてますね」

C「え？」

T「（左肩を軽くタッピングして）こっちに力が入ってない？こっちの力を抜いて！」

C「ああ（左肩を脱力する）」

T「はら、（右肩を軽くタッピングして）こっちの力も抜けた」

C「ああ」

T「さっきと感じが違うでしょ」

C「ああ」

T「力みがとれると動きますから、もう少し上げていきましょう。ほら、動く」

C「（Cの動きが止まる）あ、ここまでですか？どんな感じ？」

C「少し痛いです」

T「じゃあ、このまま待っていましょう。感じが変わってくるから」

T「(3秒ほど待って)どんな感じ?」
C「痛くなくなってきました」
T「ああ、力みがとれてきたんですね。じゃあ、次のイ・タ・イの最初のイまでいってみましょう。むちゃくちゃ痛いところをこっちにやって(他動で前に出しながら)逃げずにまっすぐ上げてください」
T「(Cが肩骨を前に出しながら上げようとする)ストップ。今、肩をこっちにやって逃げようとしたでしょ。(肩を戻して)逃げずにまっすぐ上げてください」
C「はい」
T「じゃあ、感じが変わるか待ってみましょう」
C「少し、大丈夫になってきました」
T「いけそう?」
C「はい」
T「(Cの動きがすぐ止まる)限界?」
C「限界です」
T「(笑いながら)力みがとれた」
C「(Cの動きがすぐ止まる)限界です」
T「力みがとれた。じゃあ、もう少し」
C「はい」
T「(Tの手応えからかなり限界に近いと感じられる)待ってても変わらない?」
C「変わりません」
T「じゃあ、この位置をよーく覚えていてください。少しだけ戻します。(少しだけ肩を戻す)はい、ストップ!どう?ここならなんともないでしょ?」
C「なんともないです」

T「でも、この位置はさっきは痛かったでしょ?」
C「はい」
T「今は何ともない」
C「はい」
T「じゃあ、さっきの限界だったところにゆっくり戻してください」
C「(Cが行き過ぎようとするので)ストップ!ここです。さっき限界だったところ。どう?全然違うでしょ?」
C「全然違います」
T「いけそうでしょ?」
C「まだいけます」
T「力みがとれてきてる。じゃあ、ゆっくり行ってみてください」
C「(Cの動きがすぐ止まる)はい。ここで力みだけとってみましょう。(左肩をタッピングしながら)ここは?」
C「ああ(左肩の力を抜く)」
T「(無意識に頑張りすぎてるもんねぇ」
C「(Tの手応えが急にとれてくる)……まだいけそうになってきました」
T「そう。いいですねえ。じゃあ今度は、『せーの、ハイ』と言ったらゆっくりと自分で下ろしていきます。せーの、ハイ。ゆっくりと!」
T「そう、そう。そうです、ゆっくりと肩の荷を下ろすように。シュシュシュー。そう」(かなり下がってきますが。止まりそうになったので、止まる前に右肩の上に手を移動する)
T「あれ?ここまで?まだ抜けるでしょ!(軽く右肩を一度タッ

第3章　動作法の実際

ピングする）」
C（Cの右肩がスッと下がる）「あ！」
T（当然という口調で）「ほら、抜けた！」
T「はい、そうやってると指先がジーンとしてきて、さらに肩が下がっていきます」
T（Cの右肩がわずかに下がる）「そう！（さらにわずかに下がる）そう、そう！……指先がジーンとしてきて（さらにわずかに下がる）そう！……（もう下がらないなと判断されるので）はい、すっかり弛みました（Cの右肩を一回さする）
T（Cの顔をのぞき込みながら）「気持ちよかったでしょ！」
C「は、はい！」
T「ほら、こっちの肩がこっちに比べてずいぶん下がってるのがわかります？」
C「えっ？」
T（後ろからTの両腕をCの肩に載せて前に突き出し、左右のTの手のひらの高さが違うことを示して）「ほら、こんなに違う」
C「ああ。何だかこっち（右肩）がすごく楽になりました。十年分の肩凝りがとれた気分です（笑）
T「ああ、それはよかった。じゃあ、こっち（左肩）もやってみましょうか。たぶん、右で感じをつかんでるから上手にできますよ」

(14) 両肩胛骨回し上げ下げ、および他動的援助について

　肩胛骨回し上げ下げ動作課題は、「片方」の肩胛骨を、「被援助者自

身が」回し上げ下げすることを基本とする。しかし、動作法未経験者への導入時や、理解レベルの低い認知症高齢者などに対して、まずはからだを動かし、注意をからだに向け、動かすこと脱力することの爽快感などを味わうことをねらいとして重視する際には、両方の肩胛骨を同時に回し上げ下げする動作課題を使用することもある。

　他動援助については、図16のように、100%の他動援助から100%の本人の動作まで、無段階に援助量を変えることができる。しかし、動作法の基本は「本人が自分で動かす」ことである。しかし、動作の方向やスピード、あるいは「ここまでは動く」「こんなふうに動く」という動く感じを示すことを目的として、援助者が被援助者の身体を100%他動的に動かすこともある。また、きわめて能動性の低い被援助者の場合は、最終的には自分で動かすようにもっていくが、他者との共同作業としてからだを動かすことを目的として100%の他動援助で動かし、慢性緊張部分での力みとりのみを課題とする場合もある。

　被援助者の動かす力が弱い場合は、「助力」として他動援助を足す場合もある。

　このように、援助者は他動援助をいっさい封じるのではなく、状況に応じて使用することがある。しかし、筋肉

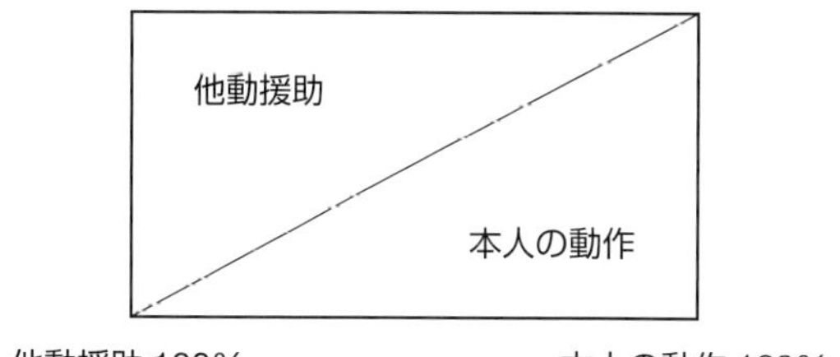

他動援助　　　　　　　本人の動作

他動援助100%　　　　　本人の動作100%

図16　他動援助と本人の動作の組み合わせ

をほぐしたり、可動域を広げるといった身体的リハビリテイションを行っているのではなく、動作を通じた被援助者のこころのケアとしての動作法を実施しているのであるから、動作を通じた被援助者の体験課題を念頭に置いた、必然性のある使用が鉄則である。被援助者本人が微調整しながら動作している際には、わずかな他動援助であっても邪魔になることを忘れてはならない。そうでなければ、被援助者も、「動けばいいのでしょ」というふうに課題を取り違えてしまうことになる。

以下は、能動性の低い重度認知症高齢者への、両肩胛骨（けんこうこつ）回し上げ下げ他動援助のやりとりの実際例である。

T「こっちに、こう動かしてみましょう」
（Tが他動的に両肩胛骨を上げていくが、固くてすぐに止まっているので、動かせるようになります」
T「あれ、ここまでですか？　では3秒ほど待ってみましょう。待っていると力みがとれて、動かせるようになります」
T「1、2、3。ほら、力みがとれてきました」
（さらにゆっくりと待って力をとる、二段構えが大切です。動かなくなったらちょっと待っていきながら）「ほら、動くでしょう。動
T「あ、また止まりましたね。この辺は少し痛いですか？」
C「少しね」
T「そうですか。待っていると3秒で力みがとれます。そう、弛ん（ゆる）
T「できましたね。痛みも消えたんじゃない？」
C「消えました」
T「もうちょっといける？」
C「いけます」

T「じゃあ、もう少し。（さらに少し他動で動かし、固くなった所で）どう？」
T「けっこう……きてるね」
T「じゃあ待ってましょう。1、2、3。ほら、楽になった？」
C「消えました」
T「それはよかった。じゃあ、ここからシュシュと（Tがゆっくり下ろしながら）下ろします。そう、スーッ、シュシュシュと。
（動きが止まったので）はい、もっと抜ける！」
C（ストンと脱力する）
T「ほら、抜けた！　上手です」
C（ニタッと笑う）
T「じゃあ、今度は『せーの、ハイ』と言いますので、ご自分でゆっくり動かしてください」

● ● ●　5　手続きの例――肩胛骨の背骨軸開き　● ● ●

動作課題の選定は、被援助者の特性・状態像に応じて行うが、おおむね「軸作り系」から入るか、「肩・胸の動き系」から入るか、「弛め（ゆる）（脱力）から入るか、動きから入るか」という議論は、主体的に弛めるためには能動的動きが必要であり、適切に動かすためには不必要な力みをとることが必要なため、ほとんど意味を持たなくなっている。

肩胛骨の背骨を軸にした開きは、肩・胸系の基本的動作課題であることが

肩胛骨回し上げ下げ（肩胛骨スライド開きを含む）の後に行うことが

多い。そこで、以下の解説は、肩胛骨回し上げ下げ動作課題を通して動作法の基本を学んだ被援助者が、肩胛骨開きに取り組むことを想定して、解説する。

（1）何をするかの課題の提示と動作具合の確認

肩胛骨開きについては、肩胛骨を開くことにより胸が広がる感じや、背骨の上部が立つ感じなど、肩・胸周り全体の感じの変化を体験することが大切なので、片方ではなく両肩胛骨を動かす動作課題を提示する。例を挙げると、以下のような課題提示となる。

◆ずいぶん肩胛骨の上げ下げが上手になってきましたね。では、今度は肩胛骨を後ろに開いてみましょう。

◆こう背骨があったら、肩胛骨をこう（援助者の両手で手のひらを開閉する動きを見せながら）蝶番のように開いたり閉じたりしてみましょう。

◆（被援助者の肩胛骨を軽く開きながら）こう、（肋骨に軽く触れて開く仕草をしながら）胸をバリバリって開く感じで、肩胛骨を後ろに回しましょう。

◆やり方は肩胛骨を上げるときと同じです。ゆっくりと動かしながら、イ・タ・イの最初のイまで来たら止めて待ってみて、無意識に入れている力みがとれていく感じを味わいます。

課題の提示が済んだら、まず、援助者は手を触れずに、「じゃあ、まず、自分で背骨を軸にして肩胛骨を開いてみましょう。ゆっくりで一番楽な方向である。ストレスなどで肩・胸周りが固くなっている人は、肩骨がハの字に前方に出ていて、背側には動かしにくくなっている（胸が開きにくくなっている）ことが多い。そのとき、背中が反るなどの随伴緊張の出方も観察する。

なお、動かす方向がわからない被援助者に対しては、援助者が他動的にゆっくりと動かして方向を示す。

（2）援助者の手の当て方

援助者の手の当て方は、肩胛骨回し上げ下げと同様であるが、写真31のように、左右両方の肩胛骨に手を当てて胸を開き、背骨をまっすぐ

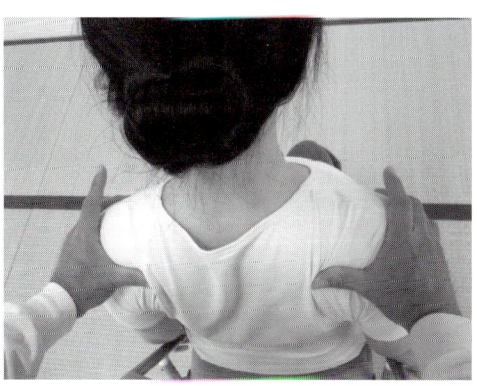

写真31　肩胛骨の背骨軸開きの手の当て方

に立てつつ、肩甲骨を開く感じをつかむように援助する。特に、肩甲骨の背骨軸開き動作課題においては、援助者、被援助者ともに気づかないうちに、被援助者のからだが後傾することが多い。そこで、あぐら坐位では、写真22（46ページ）に示したように、援助者の脚による骨盤の支持を行うことが有効である。

若者でも、身を丸めている人はかなり固くなっており、肩甲骨を自由に開けないことが多い。固い人に対しては、ついつい援助者は手に力が入りがちである。しかし、あくまで動かすのは被援助者であり、援助者が力で他動的に回し開くのではない。被援助者の動作を無視して援助者がグイグイ他動的に開かないように、手の当て方以上に援助の仕方に注意する必要がある。

「痛いです！痛いです！」と被援助者が言うので、「どのあたりが痛いですか？」と尋ねると、「あなたの親指が食い込んで痛いです」と答えたという例があるが、笑えない笑い話である。親指は支点には使うが、押すのではなく背骨方向に滑らせて、被援助者のからだに圧をかけすぎないようにする。

（3）被援助者の努力への援助

援助者は被援助者の両肩甲骨に手を当てて、「それでは、『せーの、ハイ』と言ったら、今度はこの方向に（軽く動かして方向を示す）自分で、ゆっくりと、感じを味わいながら、肩甲骨を開いていきましょう」のように、押すのではなく背骨方向に滑らせて、緊張の感じを含めた動作感を味わいつつ動作することを教示する。

身を丸めている猫背の人は、肩甲骨を開く動作が困難である。ま

ず、頭を前に下げている場合は、頭をまっすぐ起こすように指示する。多くの場合、写真32のように、肩甲骨を上に上げながら肩甲骨を開き、首をすくめるような動作を行うので、写真33のように、「（誘導しながら）こう、肩を水平に動かしながら肩甲骨を開きましょう」と指示する必要がある。

なお、すべての動作課題に共通することであるが、動作部位に力みを入れず動作するだけではなく、動作部位以外にはまったく力み（不要な力）を入れないことが必要である。肩甲骨背骨軸開きの場合は、背中に力みを入れて背骨を反らし、腹を出す被援助者が多い。その場合は、そのことを指摘して、背を反らさないようにさせる。

以下、被援助者の動作努力に対する反応から、良い体験であったことの共有までの手続きは、肩甲骨の回し上げ下げ動作課題に準ずる

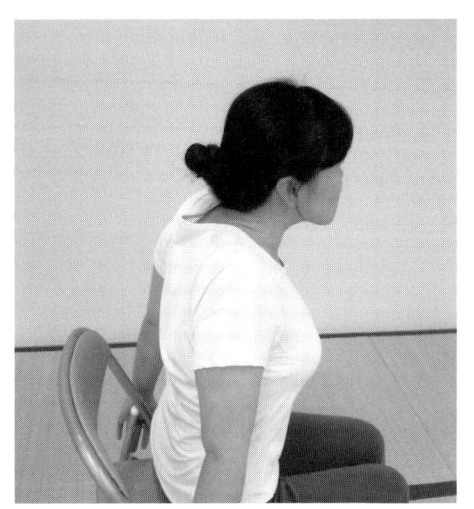

写真32　首をすくめる肩甲骨の背骨軸開き
　　　　（悪い例）

（イメージ併用による脱力は除く）。

なお、肩胛骨の開き動作課題に関しては、背中が丸まって猫背気味になっている人が多いので、どうしても後ろに開くことを重視しがちであるが、しなやかな肩・胸周りを形成するためには、前方向に開くこともきわめて重要である。肩胛骨スライド開きで（写真34）、肩胛骨を前にも後ろにも巻き回す動作や、肩胛骨背骨軸開きで（写真35）、胸面ごと、前にも後ろにも開いたり閉じたりする動作を練習させる。

●●●
●●●
●●●
6　手続きの例──肩胛骨の体側回し
●●●
●●●
●●●

肩胛骨を、体側（横）から見て時計回り・反時計回りに回す動作課題は、肩胛骨の回し上げ下げおよび、肩胛骨のスライド開き動作課題

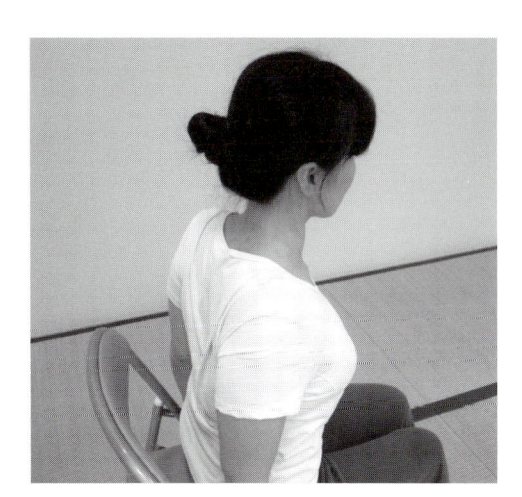

写真33　水平な肩胛骨の背骨軸開き（良い例）

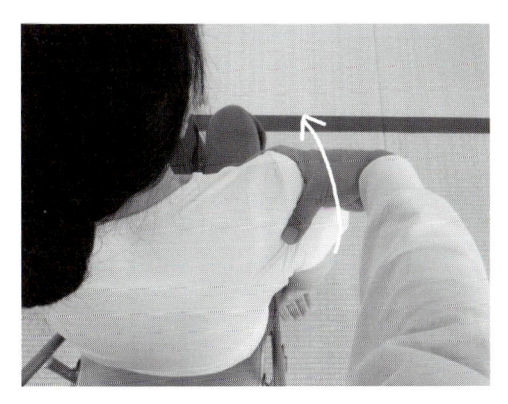

写真35　肩胛骨の前方向への背骨軸開き

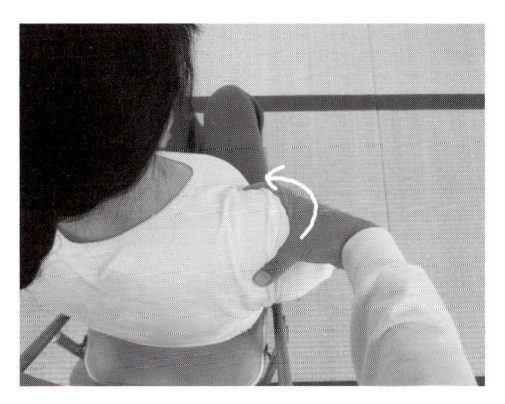

写真34　肩胛骨の前方向へのスライド開き

の実施後に行うことが多い。この動作課題はこれまであまり使われてこなかったが、弛んで自由度が増した肩胛骨の使い方をするうえでも、また実生活においてそのような肩胛骨の動きを確認するうえでも、動作法の動作課題として意義がある。

なお、肩胛骨の体側回し動作課題は、真上から見て肩骨を垂直面内で回すのではなく、肩胛骨を前後にスライド開きながら回す課題である。

（1）何をするかの課題の提示と動作具合の確認

肩胛骨の体側回しについては、実生活では両肩胛骨を体側回しすることにより、その弛みを確認したり、動作的拡大を図ることがあってもよいが、動作課題としては、左右の肩胛骨を片方ずつ動作して、その緊張の感じや動作感を丁寧に確認しつつ、動作体験を行う。

課題提示の方法としては、以下のようになる。

◆かなり肩胛骨の動きがよくなってきたと思いますが、今度は肩胛骨を、こう（援助者が自分で動かして見せるか、被援助者の肩を他動的にゆっくり動かしながら）時計回りに回してみましょう。

◆小さくてもよいので、綺麗な円を描きながらゆっくり回すことが大切です。だんだん円を大きくしていって、抵抗感を感じたり、カクッと円軌道からずれそうになったらそこで止めて力みをとり、なめらかで綺麗な円を描くようにします。

◆やり方はこれまでと同じです。ゆっくりと動かしながら、イ・タ・イの最初のイまで来たら止めて待ってみて、無意識に入れている力みがとれていく感じを味わいます。

まず、援助者は被援助者には触れずに、「自分で肩胛骨を時計回りに回してみましょう。ゆっくりです」と自由に肩胛骨を回させて、その動きを観察する。緊張が強く動かしにくい部分は、円ではなく直線的な動きになる。また、野球やソフトボールの投手などスポーツを行っている人以外は、ふだんこのような肩胛骨の動作を行わないことが多く、動かし方自体がわからないという人もいる。そのような被援助者に対しては、援助者が他動的にゆっくりと動かして方向を示す。

（2）援助者の手の当て方

援助者の手の当て方は、基本的には肩胛骨回し上げ下げと同様であるが、被援助者の肩胛骨の動きに追従しつつ必要な援助を行えるように、柔軟に手の当て方を変化させる。なお、動かすのは片方の肩であるが、体軸が傾かないように、援助者は被援助者の両肩胛骨に手を当てる。

（3）被援助者の努力への援助

援助者は被援助者の両肩骨に手を当てて、片方の肩骨を引き上げスタート位置とし、「それでは今度は、『せーの、ハイ』と私が言ったら、この方向に（軽く時計回りに回して方向を示す）自分で、ゆっくりと、感じを味わいながら、肩胛骨を回していきましょう」のように、緊張の感じを含めた動作感を味わいつつ動作することを教示する。

肩胛骨の体側回しのやり方については、**写真36、写真37**のように、被援助者の手のひらはスタート位置から動かさずに、肩骨だけ円軌道を描くように肩胛骨を動かすことを求める。また、肩骨だけを動かそうとする被援助者に対しては、肩胛骨を回す結果として肩骨が動くのであって、「動かすのは肩胛骨であること」を教示するか、他動援助によって示す。

なお、からだをクネクネとよじりながら肩胛骨を回そうとする被援助者もいるので、体軸は垂直のまま肩胛骨だけを回すことを教示する。

その後の働きかけは、先に紹介した肩胛骨回し上げ下げ動作課題に準ずるが、肩胛骨の体側回しについては、肩骨だけではなく肩胛骨から動かすことや、円の拡大が難しい被援助者が多いことから、被援助者本人に動作させつつも、援助者が円の拡大方向に若干の他動援助を足し加えて誘導することが有効である。

また、慢性緊張部分に当たり、円軌道が描けなくなった場合は、そこでストップをかけて「あれ？ここでこっちに逃げちゃいますね。ちょっと戻してください。ここからもう一回ゆっくりと。ここ、固くて乗り越えられないですね？こっち（円の中心から外方向に軽く動かし示す）、ほら、ここがネック。固くて痛いんじゃない？こっち方向に動かして弛めてみましょう」と、いったん円軌道で動かすことを止めて、慢性緊張に対して円の中心から外方向に動かし弛めることを求める。

弛め方（力みのとり方）については、肩胛骨回し上げ下げの方法で行う。**写真38、写真39、写真40**に示す方向に、固さが見られることが多い。

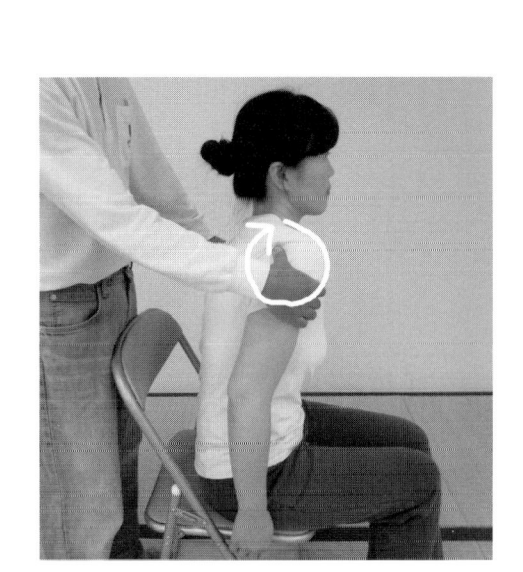

写真37 手のひらは開始位置からほとんど動かさない

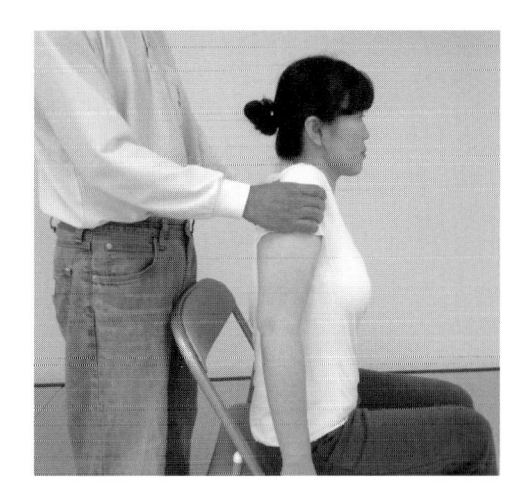

写真36 肩胛骨体側回しの開始位置

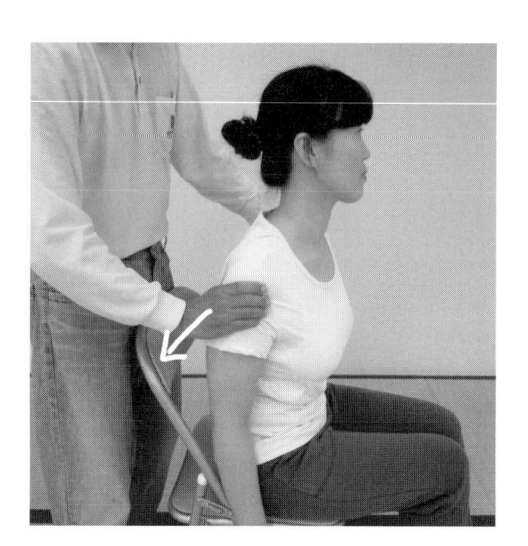

写真39 肩胛骨体側回しの困難角②

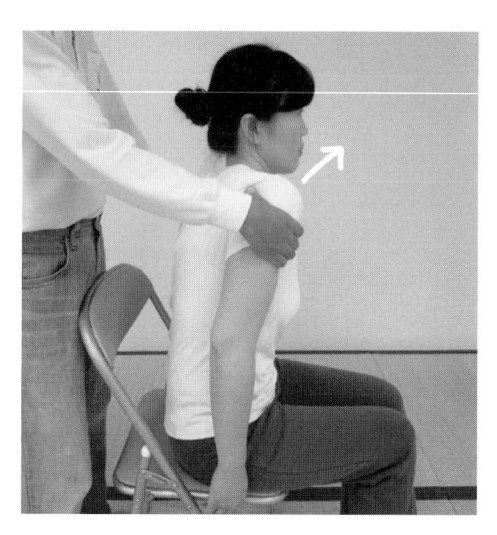

写真38 肩胛骨体側回しの困難角①

慢性緊張が弛んだら肩胛骨の体側回しに戻り、綺麗な円を描けたことを誉め、より大きな円を描けることに取り組ませる。次に、反時計回りの体側回し、反対側の肩胛骨(けんこうこつ)の体側回しを行う。

片方の肩胛骨の動作だけを完璧に仕上げて、もう片方は実施しないやり方であると不全感が残るので、時間的な制約がある場合は、そこの完成度であってもかまわないので、両肩胛骨を動かしてその回のセッションを終了するほうがよい。

● ● ●
● 7　手続きの例——胸板立て ●
● ● ●

肩胛骨の回し上げ下げ、スライド開き、背骨軸開き、体側回しにより、肩胛骨の動作が上達した被援助者に対しては、胸板を立てる動作課題を行う。猫背は、全身の総合的バランスのうえで生じている背骨

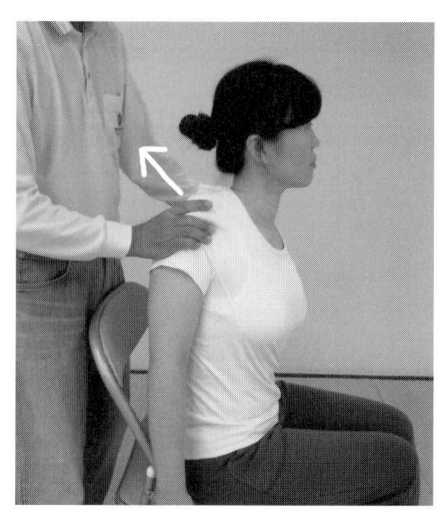

写真40 肩胛骨体側回しの困難角③

最上部の歪みであるが、胸板を立てることは、肩・胸周りを弛めたうえでの直接的な猫背直しの仕上げとなる。

胸板を立てるためには、まず、肩胛骨スライド開きで（胸面は後ろに引かずに）、ハの字に前に入り込んだ肩骨を、ある程度後ろに戻すことが必要である。肩胛骨が上がって前に出ている人に対しては、下げつつ後ろに戻すようにする。

次に、**写真41**のように、援助者の親指を、被援助者の首の付け根の少し下の飛び出ている背骨（胸板の真後ろの背骨）に当てて、押し込むようにクィッとまっすぐに立て起こす。あるいは、**写真42**に示すように、前後で上下差を作った両手で胸板を挟み、回すように上下にスライドさせて起こす方法もある。

いずれも他動援助を加えるが、完全な他動ではない。被援助者本人には、頭を上げてから「（前に出ている）顎を水平に引きつつ、頭の後ろを天井に向けて垂直に立てる」ように動作をさせながら援助すること（必要最低限の助力を加えること）が大切であり、そうしなければ、被援助者は胸板を起こす動作を自分で覚え、維持することができない。

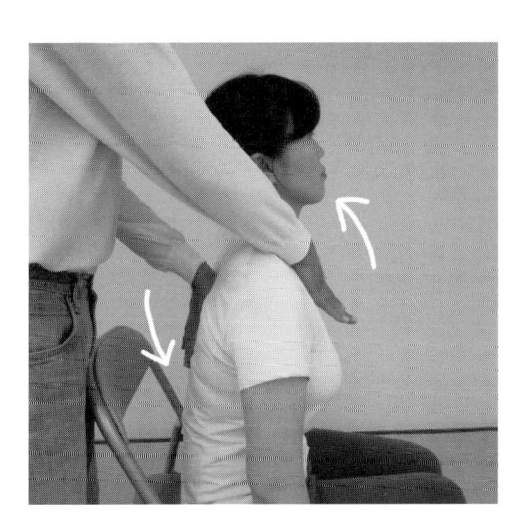

このように、動作法においては、完全に自分で動作させるときと、他動援助を加えつつ動作させるときがあるが、単に援助者が動かしてやる」ことはしないのが、動作法の特徴である。なお、本人が行う動作については、「このように動かしなさい」という言語的指示を加えることもあるが、援助者の手によって行われる動作的な誘導によって指示することが基本となる。

写真42　胸板立て：前後スライド型の手の当て方

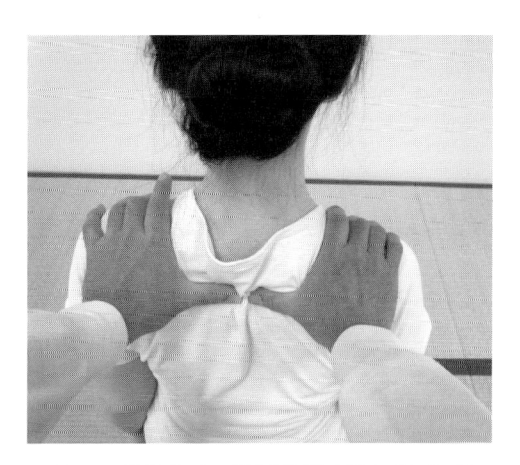

写真41　胸板立て：背骨押し込み型の手の当て方

第2節　背中周り（背筋(はいきん)伸ばし・縮(ちぢ)め）の動作

● 1　基本解説 ●

　動作法の目的は、被援助者が動作課題に取り組むプロセスにおける体験の仕方の変化であり、動作遂行における体験の仕方が、動作以外における主体の活動の仕方につながることを、最終目的とする。そのような意味では、どのような動作課題であっても、被援助者に必要と見立てた体験課題を設定することは、その動作課題のなかで可能である。

　しかしながら、人の「からだ」は、部分が独立して存在するものではなく総合的なものであり、ある部位の固さが別の部位に影響を及ぼしているなどの相互作用がある。また、からだ全体のバランスの良さやしなやかさが、その人の「主体としての活動の仕方全体のバランスの良さとしなやかさ」を示しているという「からだとこころの一元論」的視点に立つならば、たとえば、目的とする体験課題がすべて含まれている肩胛骨の回し上げ下げ動作課題だけを、ひたすら実施すればよいということにはならない。

　もちろん、こころのケアを目的とする動作法では、全身をくまなくチェックし、全動作課題をもれなく実施する必要はない。しかし、少なくともその人の主体の活動の仕方の不器用さが顕著に現れ、影響が出ている身体部位にはチェックを入れ、全体バランスとしなやかさ

という視点での働きかけが必要である。猫背と腰痛の解説でも述べたが、背中の固くなった肩・胸周りの影響を受けやすく、背筋の伸びなさや縮まなさが姿勢全体の歪みにもつながる。また、股関節や膝・足首などの下半身の慢性緊張の形成や動作にも影響を及ぼす、重要な部位である。

　なお、背筋を動かす動作課題を実施する際には、被援助者に「腰痛はありませんか」と確認しておくことが必要である。今現在「激しく痛い」と言う被援助者には、とりあえずは腰周りの動作課題は行わない。一方、「少々痛い」と答えるが筋肉を動かしほぐしたほうがよいと判断される被援助者には、動作法の原則どおり、ゆっくりと動かさせるようにする。

● 2　背筋伸ばし・縮め動作 ●

　背筋伸ばし・縮め動作課題は、以下に解説する、①前屈背筋伸ばし・縮め、②ペコポコ、③振り返り、④パタパタなどの動作課題がある。

● 3　手続きの例──前屈背筋伸ばし・縮め ●

　前屈背筋伸ばし・縮め動作課題は、肩胛骨(けんこうこつ)を動かす動作課題群を実施し、肩・胸周りが弛(ゆる)んで動きがよくなった後に行うことが多い。しかし、前屈背筋伸ばし・縮め動作課題がうまくいかない原因として肩・胸周りの固さを被援助者と確認した後に、肩・胸周りの動作課題に移ることもある。

第3章 動作法の実際

前屈背筋伸ばし・縮め動作課題は、あぐら坐位あるいは椅子坐位で行う。被援助者にとって気分的にも身体的にも楽であることから、このところのケアとしての動作法では、椅子坐位で行うことが多い。椅子には、先述のように肘掛けのない座面が固く水平なパイプ椅子や丸椅子を使用し、被援助者には、背もたれに寄りかからず、脚を肩幅に広げて膝を90度に曲げた姿勢で座ってもらう。

なお、からだが柔らかい被援助者に対しては、脚を伸ばし開いて床に座る坐位(開長坐)で行うこともある。しかし、からだが固い被援助者にとっては、背筋伸ばし・縮めが課題となる前に、股関節や太腿の裏に痛みが出て、そちらの慢性緊張をとることが課題となってしまうため、前屈背筋伸ばし・縮め動作課題が行える坐位を選択する。

動作を行う際につっぱり感が出たり痛みを感じる部位は、その動作を行う過程で一番強い慢性緊張があるか、一番動きが悪い部位である。したがって、股関節や大腿筋の負担が少ない椅子坐位で前屈を行ったとしても、「股の前のほうが痛いです」「お尻の後ろが痛いです」「太腿の裏が痛いです」などと訴える被援助者も、皆無ではない。

その場合は、痛みが出ない範囲内で背筋を伸ばしたり、縮めたりする動作課題を行うか、背筋の動作課題に至るステップとして、股関節などを弛めての骨盤前傾動作課題が必要なので、「ああ、そこが一番固いのですね。では、まずそこを弛めてみましょう」とねらいを変えてもよい。

(1) 何をするかの課題の提示と動作具合の確認

前屈背筋伸ばし・縮め動作課題として、まずは、まっすぐに前傾させる。写真43のように両脚を肩幅に広げさせて、「背中の筋肉を弛めながら、骨盤から自分でゆっくりと前にからだを倒していきましょう。無理なくいけるところまでゆっくりでいいですよ」と声をかける。基本的には、被援助者に自分で前傾させていく。

しかし、認知症高齢者などで、そのような声かけだけでは動作できない被援助者や、前傾することに不安を感じる被援助者に対しては、最初は写真44のように、背中と肩に手を当てて援助者がスピードをコントロールし、安心感を与えながらゆっくりと他動援助を行い、課題を提示する。

この段階で、被援助者の動作特徴と同時に、図17(69ページ)に示すような被援助者の背中の状態を確認する。そして、図中の①のように、なめらかな円弧を描いている被援助者以外は、弛めほぐして動作

写真43 まっすぐに前傾

的自由度を高めなければならない「ポイント」の見当をつけておく。

なお、首については、顔を上げるのでもなく頭を深く下げるのでもなく、頸椎と脊椎を一本のものと見立てて、それがきれいな緩やかな円弧を描くように曲げていかせる。すなわち、骨盤を前に傾斜させていきつつ、それに合わせて背骨をしなやかに倒し込んでいくことが課題となる。

（2）援助者の手の当て方

援助者の手の当て方は、不安定な被援助者に対しては、写真44のように、肩に当てた手でスピードコントロールや保持ができるような援助を行うが、通常は写真45のように、背中の真ん中よりやや下あたりに片手を軽く添えて、被援助者の動作についていきながら、その動作を手で確かめるだけでよい。背中の上部に手を当てて、援助者がグイグイと下に押し込んだりはしない。

なお、写真46のように、骨盤の動きが悪く（腰が固いというよりも、股関節や太腿の裏側の筋肉の腱が固い）、前傾していっても骨盤が立ったまま前傾しない被援助者には、写真45よりも手を当てる位置を下げて、軽く他動援助を行いながら、骨盤から倒し込んでいく動作を指示する。

（3）被援助者の努力への援助

前傾動作スタートの声かけや、ゆっくりと動作感を味わいながら動作していくこと、一時的力みや慢性的力みのとり方などは、肩胛骨回し上げ下げ動作課題に準じる。

写真44　前傾が不安な被援助者への支え

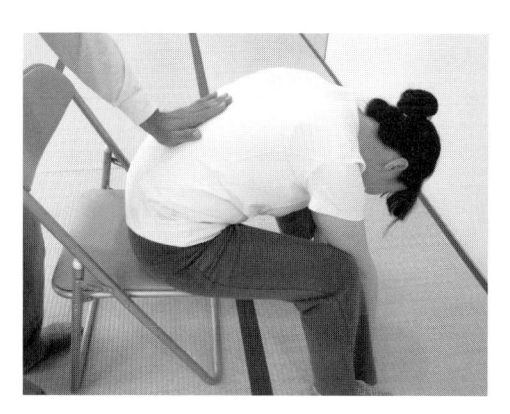

写真45　前傾の通常の手の添え方

写真46　骨盤が立ったままの被援助者

69　第3章　動作法の実際

① なめらかな曲線を描いている背中

② 腰の上あたりにふくらみがある背中

③ 肩胛骨下端あたりにふくらみがある背中（初期の猫背）

④ 背中が円弧を描かずに一枚板のように固くまっすぐな背中

図17　まっすぐ前屈したときの背中の状態例

被援助者は、無理をせずゆっくりと前傾していきながら、慢性緊張や痛みを感じた時点で動作を止めて力みをとり、さらに前傾していく。これを数回行うことで１セッションとする。「とにかく前傾すること」に気持ちが向いている被援助者は、自分のからだの細かい緊張の変化に注意が向かないことがある。そこで、援助者は、触れている手に被援助者の緊張の強まりを感じたらストップをかけて、「かなり張ってきましたが、どんな感じですか？　痛くはない？」などと声をかけて、からだの感じに注意を向けさせて報告させる。

なお、随伴緊張としての一時的力みは、「肩に入りやすい。「ほら、なんでこんな所に力みが入ってるの？」と軽くタッピングして肩の力みをとることで、背中の一時的力みがとれることも多い。背筋の慢性緊張が強い被援助者や股関節が固い被援助者は途中で尻が浮いてくるが、ストップをかけて、「お尻が浮いてきましたね。少しお尻を後ろに（援助者が手を当てて方向を示してもよい）出すような感じで、浮かないように調整してみてください」と自己調整させる。

まっすぐに前傾させて、前掲の**図17**の③に示すような背筋の慢性緊張が見られる場合は、前傾終了後のからだを起こす際に、**写真47**のように、その部分に援助者の手を当てて支点にし、折り曲げ動かしながら、その部分から先（頭側）だけをまず起こすように指示する。

慢性緊張部分は、日頃動かさないために固まってしまっているので、その部分を動かすことを課題にする。ここでは慢性緊張部分を動かすことを目的とするが、後述の軸作りも兼ねているので、引き起こしすぎて背中を反らせないようにし、背筋がまっすぐになった位置で止めるようにする（背を反らす動作課題は別途行う）。

まっすぐ方向の前傾を２、３セッション行った後には、右（左）の太腿に胸をつける斜め前傾動作課題を行う。これは、まっすぐ前傾する課題を終了し、別の課題として行ってもよいが（**写真48**）、まっすぐ前傾した状態で、ゆっくりと右（左）に身体を振る連続的な動作課題として行ってもよい（**写真49**）。

上半身を垂直に立てた状態から、若干骨盤を回し、左右どちらかの太腿めがけてからだ（骨盤）を倒し込んでいく動作と、まっすぐ前傾した状態から真横にからだをひねる（右太腿めがけてからだを動作する場合）が、行う動作は異なる。慢性緊張のある筋群を弛めつつ、しなやかな動作を回復するという観点からは、さまざまな方向に背中を動かすことができるようになることが望ましい。そのような意味では、

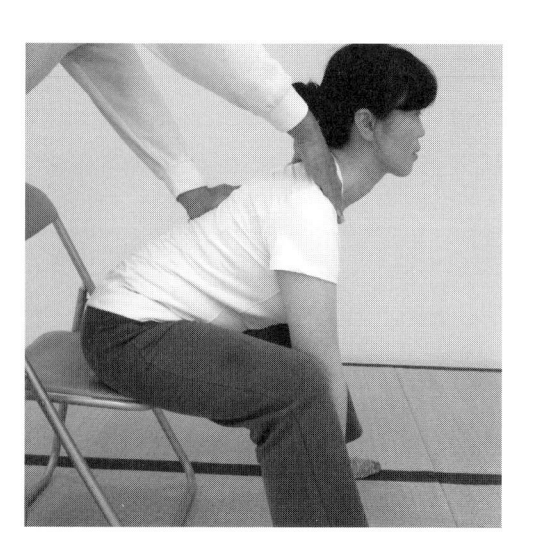

写真47　支点を作っての起こし方

第 3 章　動作法の実際

上半身垂直姿勢から太腿めがけて倒し込んでいく際の胸面の角度も、基本は胸面水平であるが、さまざまな角度を設定することができる。斜め前傾動作課題においても、力みのとり方は肩胛骨回し上げ下げ動作課題と同じで、力みがとれ、痛みが消えたら、さらに自分で前傾していくという力みのとり方をする。しかし、ある程度前傾した時点で、背中が板のように平板で固く、体側が円弧を描かず直線的な被援

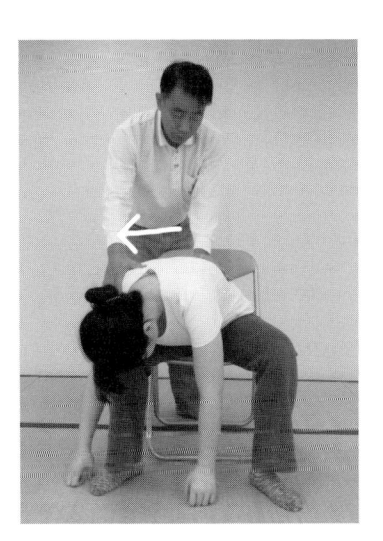

写真49　「まっすぐ前傾状態」からの横振りによる斜め前傾

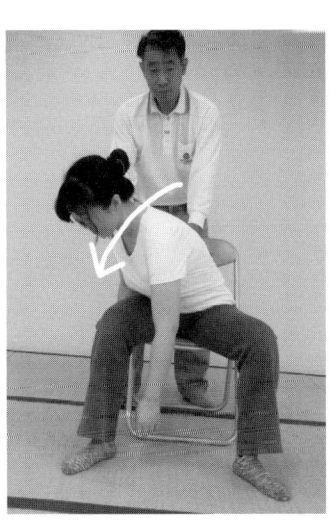

写真48　上半身垂直からの斜め前傾

助者に対しては、援助者は両手で、図18の①のA方向に、大きく縦方向に伸ばしたり、固く飛び出しているBのように伸ばすように指示をする。また、体側の伸びよりも反対側の縮み（曲げ）が固い被援助者に対しては、図18の②のように、肩と肋骨を持って回す方向に動かして、体側を縮めるように指示する。
斜め前傾動作課題についても、ゆっくりからだを起こして終了する1セッションを2、3回繰り返し、逆側も1セッションを2、3回行う。

（4）セッションを通したやりとりの例

T「はい、『せーの、ハイ』と言ったら、腰からからだをゆっくりと前に倒していきましょう。急がずにゆっくり動かします」
T「せーの……ハイ、ゆっくり。そうです。それくらいのスピード」
T（Cの動きが少し遅くなってきたことを感じて）「はい、ストップ！　少し抵抗が出てきましたけど、どう？　どんな感じですか？　痛くはない？」

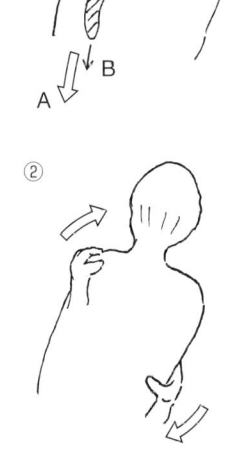

図18　背中の慢性緊張弛め

C「少し……」
T「背中ですか？ 太腿（ふともも）？」
C「いや、背中です」
T「すごく痛い？」
C「いや……」
T「もう痛みが消えてきたんじゃない？」
C「ええ」
T「じゃあ、ゆっくりともう少しいきましょう。張りを強く感じたら、止めて待ちます」
C（少し前傾して止める）
T「きた？ はい、止めて待ってると3秒ぐらいで感じが変わります。また痛みが出たりす」
C「きました！」
T「いけそうな感じになったでしょ」
C「いけます」
T「ああ」
C「ここ。でこぼこしているの、わかる？」
T（骨盤のすぐ上の背筋がトタン板のように凸凹になってきたので、そこを触りながら）
T「じゃあ、ここを伸ばそうって気持ちで、もう少し前傾してみましょう」
C「はい。わかります」
T（凸凹部分に触れているが、押したり伸ばしたりはしない。触れることでポイントだけ示す、という感じで触れている）
C（少し前傾して止める）

T「はい。引っかかりが出たら止めて待っていましょう。力みがとれていけそうな感じが出たら、教えてください」「そう！ 今、ここ、へこんだのわかる？ 平らになってきた。上手に力みがとれました。上手！」
C「いや、よくわかりません」
T「いいですよ。そのうちだんだんわかるようになってくるから。もう限界ですか？」
C「ああ、痛みがとれてきたんですね。じゃあ、ラスト、もう少しいってみましょうか」
T（少しだけ前傾を進めて止めて）「あ、今、わかりました。なんとなくだけど。そこが弛（ゆる）む感じがわかりました」
C「あー、そうか。それはよかった」
T「じゃあねぇ、（背中の真ん中あたりに支点を作って）このへんも少し固そうだから、ここから上だけ起き上がってみましょう。ここから下は動かさない」
C（支点から上だけ起こそうとするが、うまく上がらない）
T「ありゃりゃ、これ、難しい？」
C（Cの胸に手を当てて、上方向にスライドさせながら引き起こすようにして援助しつつ）「はい、ゆっくり、こう、起きてみましょう。そう。その感じ。（背筋がまっすぐになった位置で）ストップ」
T「では、ここからは背中をまっすぐにしたまま、からだ全体を起こします。はい、よいしょ。どう？」
C（少し前傾して止める）

第3章　動作法の実際

C「なんだか背が高くなったような気がします」
T「気がするじゃなくて、ほんとに高くなりましたよ（笑）」
C「はい（笑）」
C「ちょっと……」（と言って椅子から立ち上がり、歩き回る）
C「長年の腰痛がきれいに消えました。いやー、びっくりしました」
T（事前に腰痛があるかどうかを確かめておくことを忘れていたと反省しつつ）「ああ、そうですか。それはよかった」
C「ほら、ずーっと痛くて困っていた膝の痛みもなくなりました」（と言いつつ屈伸する）
T（ああ、こういう人なんだと思いつつ）「ああ、膝も。それはよかったですね。まあ、おかけください」

●●● 4　手続きの例──ペコポコ ●●●

ペコポコは、成瀬悟策先生命名の動作課題で、背中の特定部位をペコっと引っ込めたりポコっと出したりする動作である。本来、横紋筋は随意筋であり、自由に動かせる筋肉である。それが、日常的に使わなかったり、不必要な慢性緊張を入れていることによって固まり、動かせなくなっている。からだのしなやかさが失われる。
なお、ある部分が固く動かせない状態だと、からだ全体で吸収すべき力を柔らかい部分だけで吸収せざるを得ず、その部分だけに応力が集中してしまう。すると、負担が大きくなるため、固い部分ではなく、むしろ柔らかい部分に痛みが生じることもある。
ペコポコ動作課題は、被援助者の後ろから、援助者が背中に、ピン

（1）何をするかの課題の提示と動作具合の確認

ペコポコ動作課題の実施姿勢として、被援助者は骨盤を垂直に立てて、背筋を伸ばして座るようにする。あぐら坐位で行う場合は、援助者は被援助者の骨盤が後傾しないように、骨盤に脚を当てて支持する。このとき、背中部分には当たらないようにする。
援助者は、写真50のように被援助者の背中に触れて、「ここを引っ込めてください」「ここを出してください」と指示する。背中のど

ポイントで圧力をかける必要があるので、背もたれのある椅子に座っていてはできない。あぐら坐位、あるいは背もたれのない丸椅子坐位で行う。あぐら坐位・椅子坐位のとり方は、肩胛骨の動作課題と同じである。

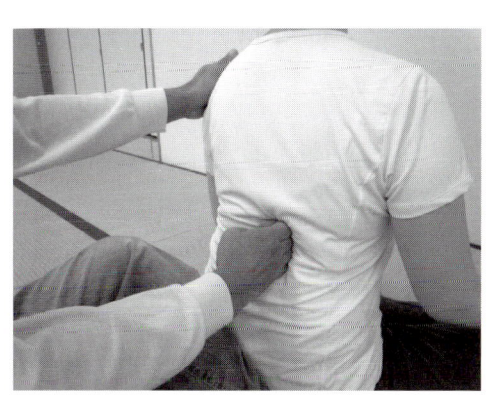

写真50　あぐら坐位でのペコポコ

部分であっても引っ込めたり出したりできるようになることが動作課題であるが、動作具合のチェックとしては数カ所確認する。

（2）援助者の手の当て方

援助者は、**写真51**のような手の形を作り、指の第一関節と第二関節の間の平らな面で、できるだけピンポイントとなるように被援助者の背中に手を当て、引っ込めたり出したりの指示を与える。このとき、メインとなるのは、人差し指と中指の第一関節と第二関節の間の面である。できるだけ被援助者の背中に当たる面積を少なくすることで、被援助者が漠然と広面積を動かすのではなく、ピンポイントで指示された特定の部分を動かせるようにする。

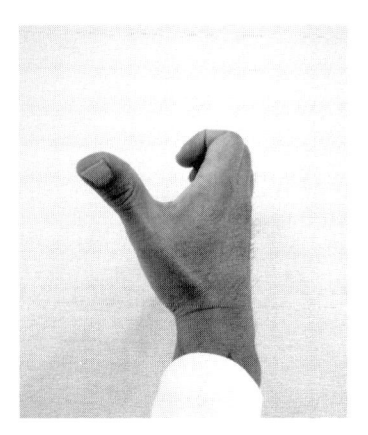

写真51 ペコポコ援助の手の形

をし、動きが悪い部分を動かせるようにする。引っ込めたり出したりする方向は、最初は背中面に対してまっすぐな方向で行うが、上達してきたら斜め方向に動かすことも行う。

「ここを引っ込めてください」という指示に対して、うまく動作することができない被援助者に対しては、少し強めに他動的に背中を押し込む。押し込まれると、それを押し返す力が入れやすく、「はい、これを押し返して！」と援助者の手を押し返す動作を求めると、わかりやすい。

被援助者は援助者の手を押し返そうとするが、押し返す力の頂点がズレることがある。援助者の手は押し返されているのだが、押し返す力の頂点は別の部分にあり、周辺部が膨らむことによって少し押し返されているだけという状態である。そのような場合は、「違う、違う」。

（3）被援助者の努力への援助

通常は、肋骨（ろっこつ）のない背中の左右の背筋、肋骨のある背中とない背中の中間部の左右の背筋あたり（広背筋（こうはいきん）、脊柱起立筋（せきちゅうきりつきん））から動作確認

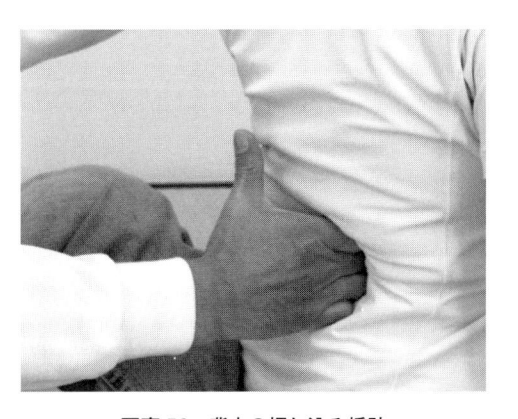

写真52 背中の押し込み援助

第3章 動作法の実際

もっと下」のような声かけをして位置の変更を求めたり、ズレている押し返す力の頂点部分に手を当てて、「ハイ、引っ込めて、ハイ、押し返して。そう。ここは上手。この感じ。この感じでこっちもやってみましょう」と、よい感じや手応えをつかませたうえで、課題部分に戻る。

「はい、引っ込めて」「はい、これを押し返して」「来た、来た、来た、その感じ。もうちょっとだけ上。そう、来た、来た。もっと強く。そう。そう。その感じ。来た、来た。もっと、ぐっと引っ込めて。そう。そう、もっとぐっと。そう、そう、上手。はい、また引っ込めて。そう、そう、そう、来た、その感じ」「今度はこの方向に引っ込めて。はい、出します、押し返して！」のように繰り返し行うことによって、被援助者はピンポイントで、その部分だけを引っ込めたり出したりすることができるようになる。

（4）しなやかさの確認

こころのケアを目的にする場合でも、動作法においては、その動作課題のプロセスにおける体験が重視され、身体的変化は結果として伴うものとしてとらえる。すなわち、結果よりプロセスを重視する手法である。しかし、ある動作課題における努力の『結果』が、他の動作にも影響を及ぼすという体験（何かは何かにつながっているという気づき）や、総合的にしなやかになっていく自分との対面（自信の形成）などは、心理的にも意味がある。したがって、前屈背筋伸ばし・縮め動作課題や肩胛骨動作課題、ペ

●●● 5 手続きの例——振り返り ●●●

振り返り動作課題は、真後ろにいる人を見るように、後ろを振り返る動作課題である。首だけではなく骨盤と上半身全体をしなやかにひねることにより、両肩骨を結ぶラインが正面から90度の角度まで向くのが通常であるが、これができない被援助者は、股関節、肩・胸周りや背中（背筋）に固さがある人である。

振り返り動作課題は、あぐら坐位、あるいは背もたれのない丸椅子坐位で行う。背もたれの低いパイプ椅子などで行ってもよいが、背もたれよりからだを離し、背もたれが動作の邪魔をしないように注意する。あぐら坐位・椅子坐位のとり方は、肩胛骨動作課題と同じである。

（1）何をするかの課題の提示と動作具合の確認

振り返り動作課題の実施姿勢として、被援助者は骨盤を垂直に立てて、背筋を伸ばして座るようにする。あぐら坐位で行う場合は、援助者は被援助者の骨盤が後傾しないように、骨盤に脚を当てて支持する。援助者は被援助者には触れないで（あるいは必要がある場合は両肩に手を当てて方向を示しながら）、「ゆっくりと自分で後ろを振り返ってみましょう」と指示する（写真53）。その際、動作を困難にしている身体部位をチェックする。ある程度振り返ることができる被援助者であっても、上半身全体をきれいに（均等に）しならせながらひねる

コポコ動作課題は、組み合わせて実施し、総合的にしなやかになった自分（身体的変化）を実感させることもある。

ことができない場合が多い。

（2）援助者の手の当て方

振り返り動作課題では、「こちらに、こうからだをひねって、振り返ってみましょう」と方向を示して戻した後は、基本的には援助者は手を当てる必要はない。肩に手を当てて被援助者の動きや緊張状態を確認してもよいが、被援助者が肩に意識を向けて、肩からひねるように動作すると、背中全体をしなやかにひねる動作にならないからである。

したがって、援助者は手を当てずに被援助者に振り返り動作をさせ、被援助者の動作が止まり、肩胛骨（けんこうこつ）の動きが悪い場合は肩胛骨に、脇腹付近の動きが悪い場合はその付近に手を当てて、「このあたりの動きが悪いですね。ここ、力みをとってもう少しひねれるかな？」の

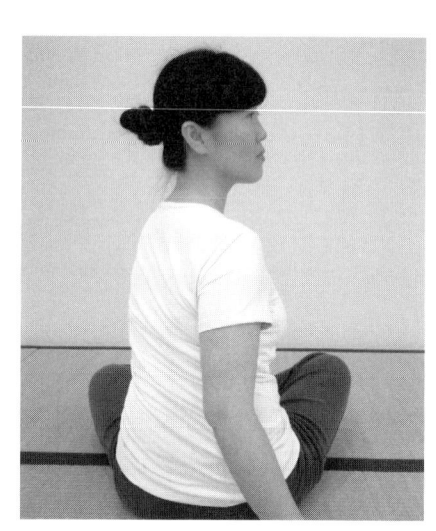

写真 53　自分で振り返る

ような声かけを行ったり、その部分のひねりの方向を示すなどの動作補助を行うとよい。

（3）被援助者の努力への援助

振り返り動作課題においては、骨盤も若干回転しなければならないので、腰がまったく動いていない被援助者に対しては、骨盤に手を当てて回すような援助をする。骨盤を回す補助は、被援助者の腰骨に手を当てて回す。ただし、尻が座面からズレ動いて身体ごと回ってしまっては、振り返り動作課題にならないので、尻はズラさず股関節だけ動かして振り返るように指示する。

からだのひねりが、きれいな弧を描いてひねることができない被援助者に対しては、慢性的力みがある部分に手を当てて、その部分の力みをとってひねることを援助する。力みのとり方は肩胛骨回し上げ下げ動作課題に準じるが、待っていても痛みがとれないような状況では、両肩をすくみ上げて背筋を縦に伸ばして脱力すると、力みがとれやすくなる。

● ● ● 6　手続きの例――パタパタ ● ●

パタパタは、仰臥位（ぎょうがい）で膝を立てて、両脚を左右に倒す動作課題である。被援助者の課題は、下半身（両脚）を援助者によって動かされても、臍（へそ）が天井方向を向いたまま上半身はその影響を受けない、という下半身・上半身の分離が課題となる（写真54）。背筋に固さがある被援助者は、被援助者から見て膝を左に倒す場合は臍も左を向き、右肩

写真55　背筋が固い被援助者のパタパタ

写真54　パタパタ：下半身と上半身の分離

が浮いてしまう被援助者もいる（写真55）。

（1）何をするかの課題の提示と動作具合の確認

被援助者に仰臥位で両膝を立てさせ、「からだの力を抜いていてくださいね」と声をかけて、援助者はゆっくりと両膝を左右どちらかに倒していく。下半身の動きに対して上半身の分離ができずに、下半身の動きに引っ張られて上半身が動く被援助者に対しては、その動き具合を確認しながら、「あらら、こんなに動いちゃいますね」「脚を動かされても、腰から上は影響を受けないようにするのが課題です」と課題を示す。

（2）被援助者の努力への援助

肩が浮いてしまう被援助者に対しては、援助者は浮いている肩に手を当てて押し、強引に動かさない程度の圧をかけ、「肩の力みをとって床につけてみましょう」とまず声をかける。被援助者から見て両膝を左に倒されたときに、右体側のラインが大きく浮いている被援助者に対しては、両膝が戻らないように援助者の右脚でブロックしたうえで、**写真56**のように、被援助者の右肩と右骨盤に手を当てるる。あるいは、**写真57**のように、被援助者の右肩と左骨盤に手を当てて、対角線方向に力を加えて力みをとることを求める。

また、**写真58**のように、援助者は被援助者の肋骨を持って、臍が天井を向く方向に回したり、上下にスライドさせたりして、手応えに応じて、「ん、こっちの方向がすごく固いですね」などの声をかけて、

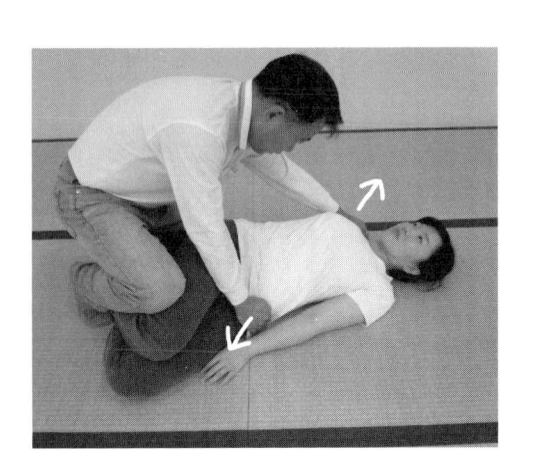

写真57　対角線方向への弛め

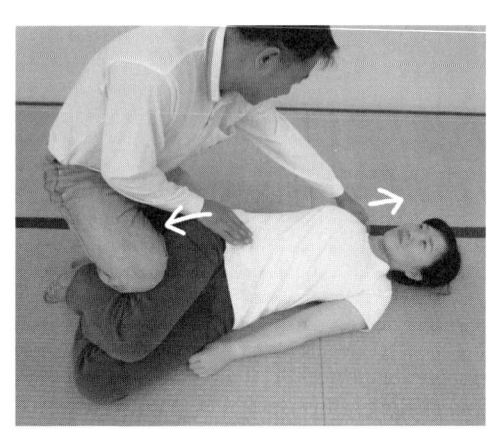

写真56　右体側ラインの弛め

力みをとることを求める。

パタパタ動作課題については、もちろん被援助者に上記の方向に動かさせてもよいが、動かす課題というよりもリラクセイション課題が主なので、援助者がある程度力を加えて他動的に動かし、それに抗する力（一時的力み、慢性的力み）をとる手続きでかまわない。

また、肋骨を回す際には、援助者の指で脊柱起立筋などの被援助者の固い部分を軽く数回タッピングし、「ここを弛めて！」のような指示をしてもよい。

（3）しなやかさの確認

上手になった被援助者に対しては、両膝を倒すスピードを少し速めてみる。速く動かされるほど、上半身に一時的力みが入りやすいの

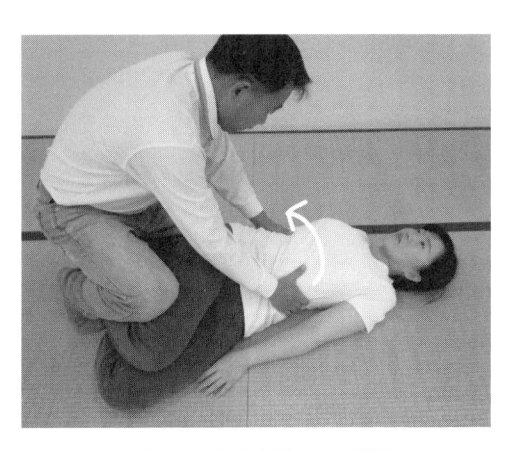

写真58　肋骨を持っての援助

で、スピードを速められても対応できるようにする。

第3節　坐位での骨盤の動作と軸作り

●●● 1　基本解説 ●●●

骨盤は、上半身と下半身をつなぐ部分という意味ではからだの中心である。背筋や股関節の慢性緊張の状態によって、後傾したり前傾したり（反ったり）、あるいは左右どちらかに回転している（引けている）と、上に載っている上半身の重みを真下に伝えることができずに、姿勢の歪み（猫背や側湾など）や、筋肉痛（腰痛や背筋痛など）を引き起こす。

骨盤が左右どちらかに引けている場合には、引けているほうの股関節が曲がっており、骨盤がそちら側に上がって脚長差（引けているほうの脚が短いように見える）を生じていることもある。また、骨盤の前傾（反り）は脚の内旋・内転につながって、膝への負担が生じていたり、O脚の原因となったりする。

骨盤は、基本的には、重力方向に対して垂直に立てた姿勢であることが望ましく、図19のように、自由に回転させることができることが大切である。

なお、骨盤を動かす動作課題を実施する際には、被援助者に「今現在、激しい腰痛はありませんか」と確認しておくことが必要である。「激しい痛みがある」と言う被援助者には無理して実施せず、「激しい痛みではないが腰痛がある」と言う被援助者には、骨盤の前傾（尻を突き出す反らし）については大きな角度まで動作させないようにして、本人に痛みを確認させながら、丁寧にゆっくり動かせる。

●●● 2　手続きの例——骨盤を立てての軸作り ●●●

抗重力姿勢として、地面に対して体軸をまっすぐに立てて座ったり、立ったりすることは、歪んだ部分から横方向に力が抜けない姿勢を作ることであり、身体的にしっかりと安定した姿勢を作ることを意味する。これは、単に身体的な安定だけではなく、心理的にもしっかり感、安定感、自己存在感、自己効力感などを形成することになる。

立位

あぐら坐位

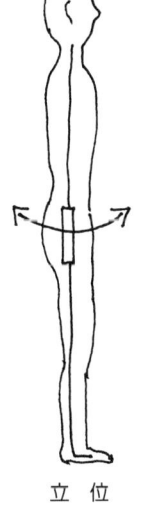

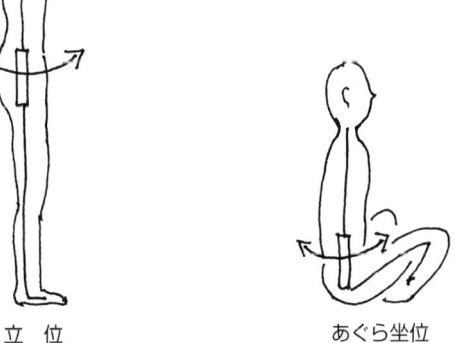

図19　骨盤の前後回転動作

骨盤を立てての軸作り動作課題は、基本的にはあぐら坐位で行う。股関節が固い被援助者に対しては、股関節を弛めることを課題として、あぐら坐位で骨盤を前傾させる動作課題から取り組む。ただし、寝たきり高齢者のように、股関節がきわめて固く、あぐら坐位がまったくとれない（骨盤が大きく後傾し、ほとんど膝を閉じた形で膝が床から浮いてしまう）被援助者は、椅子坐位で行ってもよい。

（1）何をするかの課題の提示と動作具合の確認

被援助者にあぐら坐位をとらせ、姿勢を観察し、からだの歪みや骨盤の前傾・後傾具合を把握する。次に、骨盤がある程度前傾するまで、ゆっくりとからだを前に倒させる。写真59のように、からだを前に倒しても骨盤が前傾しない被援助者に対しては、骨盤を動かすことを指示し、それでもできない場合は、写真60のように援助者の脚で押して動作方向を示し、必要に応じて助力して骨盤を前傾させる。なお、あぐら坐位をとると、最初から骨盤が前傾している（背中が反っている）被援助者もいる。その場合は、からだを前に倒させるだけでよい。

このような骨盤が前傾した被援助者に対しては、写真61のように、被援助者の背中の真ん中付近に援助者の手を当てて、前後スライド型の胸板立てよりは大きな動作になるが、同じ要領でそこから下は動かさずにからだを起こさせて、まっすぐな背中を作らせる。そして、背中のまっすぐさを崩さずに、骨盤を垂直に立てさせる（写真62）。

この時点で、多くの被援助者はからだに力みが入っており、その姿勢を継続することがきついと感じているので、「今、まっすぐでいい

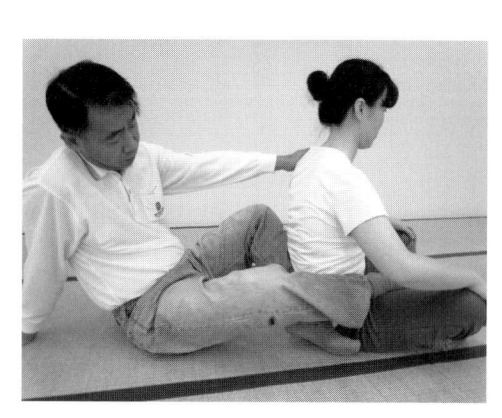

写真60　援助者の脚で押しての骨盤前傾動作補助　　写真59　股関節が固く骨盤が前傾しない被援助者

第3章 動作法の実際

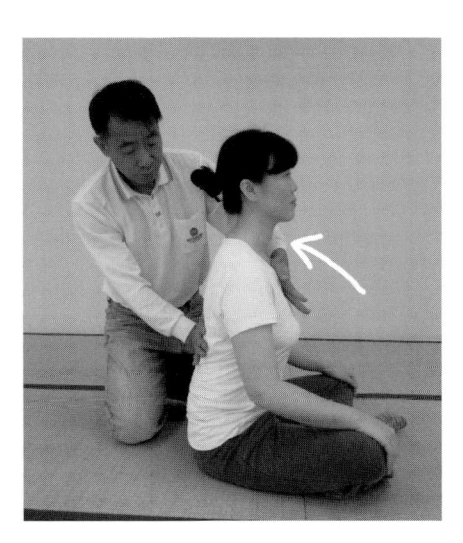

写真62 まっすぐなまま起こしたあぐら坐位

写真61 まっすぐな背中作り

軸ができています。姿勢は崩さずに力みだけとってみましょう」と指示する。

力みがとれない被援助者に対しては、「少しからだを上に引っ張り上げてください。まっすぐな軸は崩さずに、肉だけ引っ張り上げて、そうです。そこから、骨はまっすぐのまま、肉だけ下に落とす感じで力を抜いてみましょう」という動作をさせると、力みがとれることが多い。すなわち、少し伸び上がって、姿勢を変えずに〈背を丸めずに〉脱力する練習をする。「骨は崩れずに、骨についている肉だけがストンと下に落ちる感じ（串から団子だけが落ちる感じ）」を体験させる。上手になったら、伸び上がることなく不要な力を抜く練習をさせる。

（2）援助者の手の当て方

あぐら坐位による、骨盤を立てての軸作り動作課題においては、前述のように、支点として手を当てたり、まっすぐな背中のままからだ（骨盤）を垂直にする際に、肩に手を当てて誘導したりする。被援助者に対して助力を行う以外は、援助者は被援助者に触れる必要はない。

（3）被援助者の努力への援助

からだを前に倒すというよりも骨盤を前に倒すこと、背中全体を起こすのではなく、胸だけ起こして背中をまっすぐにすること、骨盤を垂直にしてまっすぐになったら、少し伸び上がって骨についた肉だけを落とすよ感じで力をとることなど、動作課題の明確化と、動作の成功に向けた援助を行う。

最後に、力みのないしっかりした軸が形成されていることを確認するため、被援助者のからだを少し前後左右に揺すり、まっすぐな軸のままからだが揺すられる感じを味わうことを体験させる（写真63）。

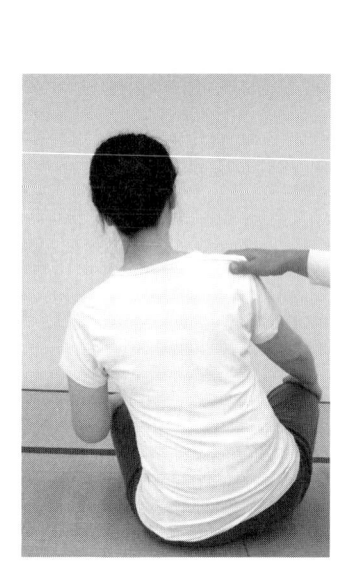

●●● 3　手続きの例
—— 軸を作ったうえでの骨盤の動作 ●●●

骨盤を立てて軸を作った後に、軸を崩さずに骨盤を動かす動作課題を行う。この動作課題は、立位において姿勢の歪みをとり、柔軟に外界に対応する際に必要な骨盤の動きを確保するためにも、重要な動作課題である。

写真63　揺すっての軸の確認

（1）何をするかの課題の提示と動作具合の確認

まっすぐな軸を作った被援助者に対して、肩を前後に動かさずに骨盤を後傾させて、腰を落とすことを指示する。次に、落とした腰を立てて元に戻させる。さらに骨盤を軽く前傾させ、それを元に戻させる（写真64）。これを数回行い、軸を崩さずに自由に腰を動かせるようにする。

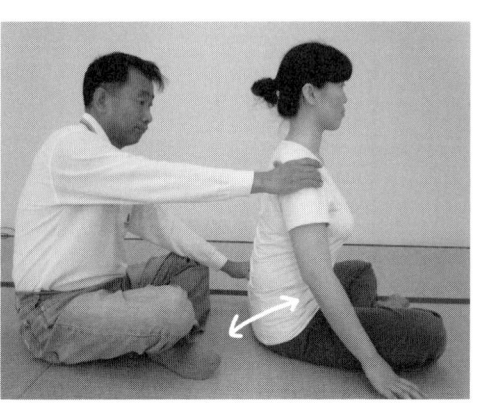

（2）援助者の手の当て方

「肩位置はこのままで」と声をかけ、若干の上下動はあっても、ほとんど肩位置は動かさずに、骨盤を動かしてまた戻す感じを被援助者がつかめるようにする。

最初は、援助者の片手を、被援助者の肩に当ててもよい。被援助者が感じをつかんで動作を始めれば、援助者は肩に当てている手を離す。

写真64　まっすぐな軸のままでの骨盤の前後傾動作

(3) 被援助者の努力への援助

腰を落とそうとすると背中も曲がってしまう被援助者に対しては、曲がっている部分に触れて、「ここは曲げない！」「背中はまっすぐのままです」「肩をほとんど動かさなくても、骨盤を後傾させることはできます」などと声をかける。そして、「背中がこの手に当たらないようにしてください」のように、背中の曲がりを邪魔する壁を作るなど、必要に応じた支援を行う。

なお、骨盤の前傾・後傾ができるようになった被援助者には、わずかにどちらかの尻に重心を移動させて、最初は小さな円から始めて、少しずつ大きな円を描くように腰を回す動作を課題とすることもある。引っかかりを確かめながら力みをとるなどを調整し、綺麗な円を描くことを味わいながら、ゆっくり動かすことを指示する。

4　手続きの例——片尻で座る軸作り

（1）何をするかの課題の提示と動作具合の確認

まっすぐな軸を作ってあぐら坐位をとっている被援助者に対して、片尻を上げて、残した尻の上にまっすぐな軸を作ることを求める。写真65のようにからだを曲げて片尻を上げるのではなく、写真66のように片尻を上げつつも、反対側の尻の上にまっすぐな軸を作って乗るようにする。

歩行の際には左右に重心を移動し、移動した位置でしっかりした軸を形成しなければならない。そのような軸の移動を、あぐら坐位においても行う。

写真66　まっすぐな軸を作った片尻上げ（良い例）

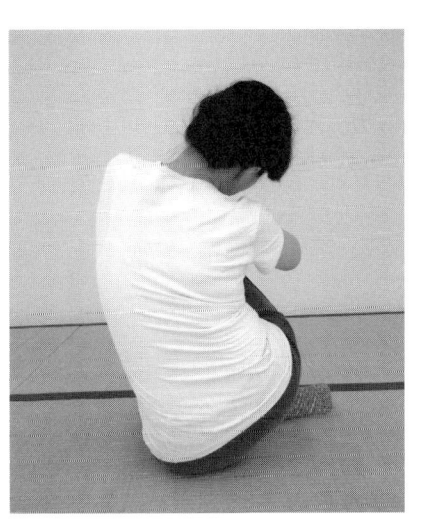

写真65　からだを曲げた片尻上げ（悪い例）

(2) 援助者の手の当て方

基本的には、援助者は被援助者のからだに触らない。なお、必要に応じて、同性同士で、臀部に触れることの許可が得られる場合は、体軸の崩れを防止するために、上げる尻の反対側の肩を支えつつ、尻の持ち上げ援助を行うこともある。

(3) 被援助者の努力への援助

「軸はまっすぐのままで、片方のお尻を上げてみましょう」と指示するが、その意味がわからない被援助者や、意味は理解しても動作の仕方がわからない被援助者に対しては、「こんな感じです」と援助者がやって見せる。臀部に触れても問題ないと判断される被援助者に対しては、尻の下に手を入れて押し上げるのではなく、太腿の側面を押し上げる感じで、動作方向を示して支援することもある。片尻が上がった状態で軸が曲がっている被援助者に対しては、まっすぐにする方向に支援する（写真67）。

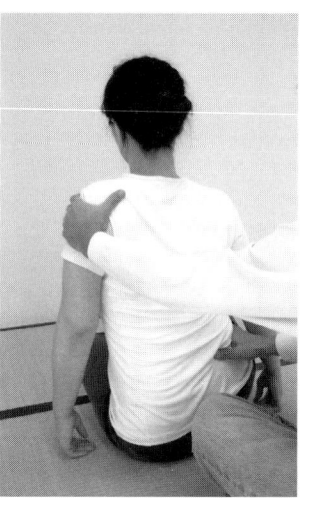

写真67　片尻上げのまっすぐな軸作りの援助

第4節　立位・歩行動作

● 1　基本解説 ●

立位は、三次元姿勢としては最も高度な姿勢である。臥位とは異なり、意識的・無意識的に力を入れなくては保持することができない姿勢であり、人が能動的に外界に対して対応している姿勢といえる。一方で、そのような姿勢であるがゆえに、臥位や坐位では見られなかった力みが無意識のうちに入りやすく、力みによっては、それをとることが難しいことがある姿勢でもある。

歩行は、より能動的・目的的動作であり、しっかりした軸と、総合的なしなやかさやバランスが求められる動作である。

動作法では、高度で総合的な立位・歩行動作課題を、無意識動作に任せてアバウトに行っている可能性が高い被援助者に対して、これまで注意を向けてこなかった身体部位やからだの動きに注意を向けさせ、総合的な、からだ全体がうまく動作できている感じをとらえつつも、特定の部分の動作感を調整させることを動作課題とする。

注意の向け方（認知）の新しい体験、部分と全体のリンクと統合、外界（客観世界）の中にいる自分および、対応する自分の認識、などが体験課題となる。

立位・歩行動作課題は、できるだけ固い床面の上で行う。絨毯や畳の上で行ってもよいが、厚みのあるフワフワしたマットの上などでは

行わない。被援助者は、靴やスリッパは履かずに、可能であれば靴下を脱いで素足で行う。衣類は、スカートではなく動きやすいズボンがよいが、あまり幅や長さのある大きなズボンではなく、脚全体や膝、足首の様子がうかがえるものがよい。

● ● ● **2 立位・歩行動作** ● ● ●

立位・歩行動作課題としては、①股関節伸ばしと骨盤の回転、②直立踏みしめ、③膝の出し曲げ、④半歩出し乗り、⑤歩行、などがある。

● ● ● **3 手続きの例──股関節伸ばしと骨盤の回転** ● ● ●

下位の姿勢で股関節や背中を弛めることができる被援助者であっても、立位姿勢をとると緊張が強くなり、姿勢に歪みが出ることがある。最終的には、一番高次である立位姿勢において、それらの力みがとれてまっすぐな軸が作れなければならない。

骨盤については、肢体不自由者や高齢者のなかには、「膝を曲げて、股関節を伸ばして骨盤を後傾させ、その上に丸めた背中を載せている」姿勢の人がいるが、ここのケアとしての動作法の対象者は、いわゆる身体的には健常かある程度健常である人が多く、その人たちは反張気味で、股関節を曲げて骨盤を前傾させ、肋骨のない背中部分を反らしている」姿勢の歪みが見られることが多い。これは、腰痛の原因ともなっている。したがって、このように骨盤を前傾させている被援助者は、股関節を伸ばして骨盤を回転させ、骨盤を垂直に立て

て、背中をまっすぐにした軸を作る動作を身につける必要がある。坐位での骨盤動作に習熟し、「少しアヒルのように尻が出ていますね。骨盤を回してまっすぐにしてみましょう。お尻の肉をすぼめる感じ!」と声をかけるだけで、立位においても骨盤を垂直に立てることができる被援助者については、立位姿勢で骨盤の回転動作を練習させるだけでよい。これが難しい被援助者、あるいは骨盤が後傾している以下に紹介する手法で、骨盤の回転によるまっすぐな軸作りを行う。

なお、立位姿勢は、基本的にはつま先を正面に向けて、右足と左足の間隔を握りこぶし縦1個分空けた直立姿勢をとる。

(1) 何をするかの課題の提示と動作具合の確認

被援助者に踵を壁につけて立たせる。動作課題は、力みなく立った状態で、背中がピッタリと壁につくことである。そして、写真68のように、この状態での被援助者の姿勢を確認する。そして、写真68のように、肩が浮いて壁についていない被援助者にはそのことを指摘し、軽く肩に触れて、「ほら、肩が浮いていますね。肩・肩胛骨を軽くスライド開いて壁につけてみましょう」と指示する。この動作により、背中の反りがより大きくなる被援助者もいる。

次に、写真69のように被援助者の背中に手を入れて、背中の反り具合を指摘し、気づきを与える。なかには、援助者の腕がスッポリ貫通するほど背中が反っている被援助者もいる。このような背中の反りに対しては、「骨盤を回して立てて、ここを壁につけるようにしましょう」と、骨盤の後傾方向への回転を指示する。

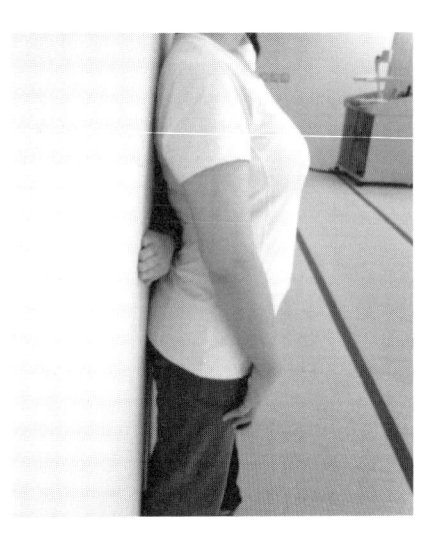

写真69　背中の反りの指摘（撮影のため、腕を前に出している）

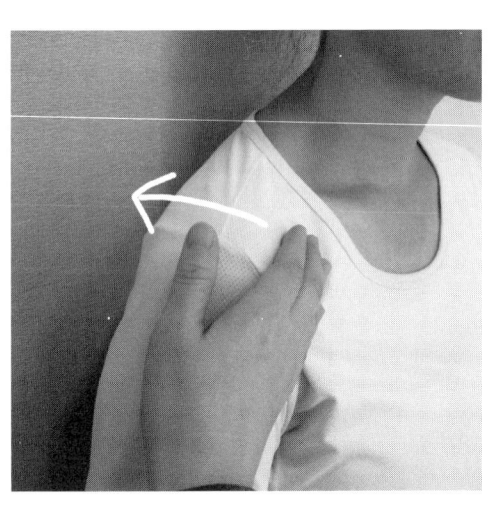

写真68　壁寄りかかりで肩が浮く被援助者への援助

成瀬先生は、散歩の途中で電柱に背中をつけて、まっすぐな軸の確認を行われている。被援助者のなかには、「私はお尻が大きいから無理です」と言う人がいるが、お尻の大きさは背中の反りをとることには関係なく、少々肉が邪魔する程度は言い訳にはならない。先のあぐら坐位での骨盤の前傾時にも、「お腹の肉が邪魔して無理です」と言う人がいるが、贅肉が邪魔をしていると思っているだけであって、実は骨盤の動作が上手にできないことがほとんどである。

（2）援助者の手の当て方

この動作課題に限らず、立位における援助者の手の当て方は、被援助者が転ばないための支持や、場所や動作方向を示すなどの目的で適時適切に行うが、被援助者本人が自分で立位を維持し、自分で動作するためには、触れすぎず、押しすぎず、支えすぎないようにする。

（3）被援助者の努力への援助

骨盤の回転については、援助者が行ってみせて、手本を示すことができる援助となる。また、動作の仕方がわからない被援助者に対しては、骨盤をいったんさらに前傾させて、尻を突き出した姿勢をとらせて、そこから元に戻す動作の延長として、骨盤を後傾方向に回転させることを教えてもよい。

そのとき、援助者は自分の股関節に手を当てて、「ここ。股関節を伸ばす感じで骨盤を回します」と解説する。状況に応じて、被援助者の腰骨に手を当てて、骨盤の回転を助けることもある。

なお、骨盤が前傾している被援助者は、脚が写真70のように反張し

ていることが多い。そのような被援助者に対しては、「膝は壁にピッタリつける必要はありません。膝を軽く弛めてみましょう。そうすると、骨盤が回りやすくなります」と指示する。この指示で膝を曲げている被援助者に対しては、「膝は曲げずに軽く弛めるだけです。後ろに反っている膝を弛めてまっすぐにしますが、曲げません」と指示する。

このような動作により、まっすぐな軸を形成できた被援助者であっても、力を入れて頑張って姿勢を維持していることが多い。そこで、「かなりきれいな姿勢になりました。でも、結構きつくない？ 頑張っている感じがするので、姿勢はそのままで力を抜いてみましょう」「姿勢が崩れそうになったらちょっと止めて、必要な力だけを残すように調整しましょう」と指示し、不必要な力みをとり、姿勢維持に必要な最低限の力だけ残すことを課題とする **(写真71)**。

この動作課題は、肩・胸周りの動作課題、背中周りの動作課題、座位での骨盤の動作と軸作りの前に、アセスメントとして行ってもよい。また、それらの動作課題を行った場合でも、言葉かけだけの指示では立位で姿勢の歪みを修整することが難しい被援助者に対しては、肩・胸周りや背中周りの動作課題などに戻って、弛めることもある。

●●●● **4 手続きの例——直立踏みしめ** ●●●

直立踏みしめ動作課題は、つま先を正面に向けて、右足と左足の間隔を握りこぶし縦1個分空けた直立姿勢で、体軸をまっすぐのまま、腰を前方、左右斜め前方、左右側方にゆっくり移動させて地面を踏みしめる動作課題である。腰を残したまま上半身だけ前傾させたり、頭・肩を残したまま腹だけ突き出したりせず、腰を動かして足の裏にかかる微妙な圧力の変化を感じ取りながら、しっかり地面を踏みしめる調整を行う。踏みしめたときにからだの重さが真下にかかる軸のまっすぐさと、安定感を味わうことが、主な体験課題となる。

（1）何をするかの課題の提示と動作具合の確認

援助者は、**写真72**のように両足を前後方向に開いて、被援助者の体

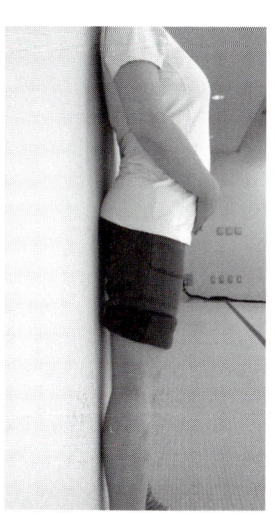

写真70　脚反張による骨盤前傾（悪い例）

写真71　反張をとって骨盤をまっすぐに立てた被援助者

重が急にかかっても対応できるようにし、被援助者の腰骨に軽く手を当てて、「からだをまっすぐにしたまま、ゆっくりと腰を前に動かして前傾していきます。今、足の裏の感じはこんな感じですが、前傾していくと感じが変わっていきます」「ゆっくりやってください。最後は踵（かかと）が上がって飛び出して倒れちゃいますので、そうなる前に止めますよ。はい、スタート。ゆっくり感じを味わいながら」と指示する。

援助者は、被援助者の直立静止時の姿勢、および足指の状態を観察する。静止状態から足指が地面をつかむように曲がって、色が白くなっている人もいる。そのような人の腰の移動幅はほとんどなく、すぐに踵が上がって、前に飛び出して倒れ込んでしまう。

援助者は、被援助者がいつ前に倒れそうになっても支えられるように心の準備をしておくが、そうなる前の被援助者への支えは行わずに、触れている手から、被援助者の緊張状態や動作状態の観察をするだけにとどめる。しっかり支えると被援助者はそれに頼ってしまい、自分で踏みしめることをしないからである。

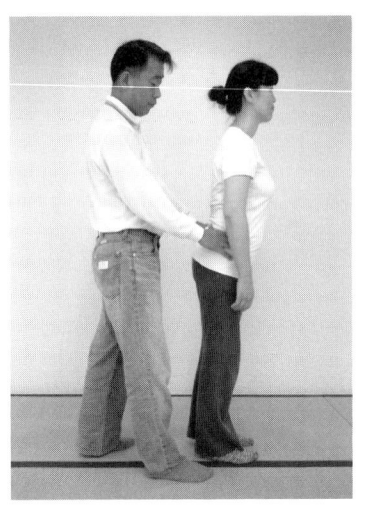

写真72　踏みしめの際の誘導の仕方

どのような人であっても、腰を前に移動していくと足の裏にかかる圧力が前方に移動していき、最終的には足の指が曲がって白くなって、踵が浮いて飛び出す。そこまでの腰の移動幅がどれくらいあるか、肩や背中などに不必要な随伴緊張はどのように入るのか、どのような調整を行うことができるのかを観察する。

（2）援助者の手の当て方

援助者は、基本的には写真72のように被援助者の両腰骨に軽く手を当てて、「支えるのではなく動作を誘導するだけ」でよい。しかし、どうしても体軸をまっすぐにして前傾できない被援助者に対しては、写真73のように片手を肩に当てる。

ただしこの場合も、被援助者の肩をつかんで支えるのではなく、肩骨の横から手を当てるようにして、軸をまっすぐにして前傾するのを誘導するだけにする。すなわち、被援助者が援助者の手に身を預け誘導するだけにする。

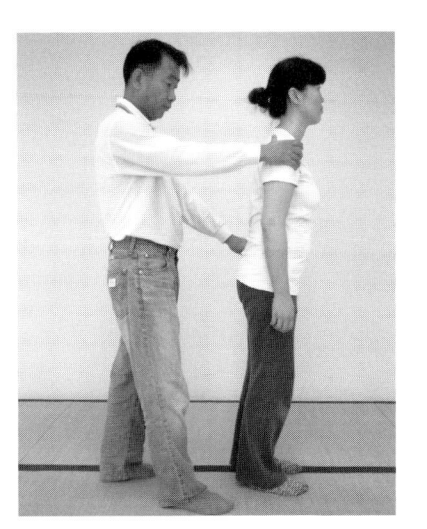

写真73　からだをまっすぐにして前傾できない被援助者

て、自ら踏みしめ調整することを放棄しないようにすることが、大切である。

（3）被援助者の努力への援助

被援助者の肩や背中に不要な力みが感じられた場合は、その力みをとるように声をかける。また、膝の反張が見られる場合や、足首の固さが感じられる場合は、それを弛めるように指示する。

ゆっくりと前傾させていき、小刻みにストップをかけて「今、足の裏のどのあたりで踏みしめていますか？」「肩に力が入ったりしていないかな？」など、からだの感じの変化を尋ねて注意を向けさせる。足指に力が入って曲がってきたり、色が白くなってきたらストップをかけて、「足の指に力が入ってきましたね。軽く指を浮かして動かして、指の付け根の肉球で体重を受け止めるようにしてみてください」「膝と足首の力を少し抜いてみてください。膝は曲げないで力を抜くだけ！」など、踏みしめ方を調整するように声をかける。

踏みしめ動作の基本は、からだの軸の終点である踵で終始体重を受け止めながら、足の裏（主として足指の付け根の肉球部分）で踏みしめ方を調整することである。したがって、踵が浮きそうになった被援助者には、「体重は、軸の終点である踵で受け止めてください」と指示することを忘れないようにする。

被援助者のからだが小刻みに揺れずにピタッと止まったときが、被援助者が「いい感じ」の実感を持って踏みしめているときである。かなり前傾していても、援助者は完全に手を離しても大丈夫であるというう安心感が持てる。このとき「ああ、いい感じですね。しっかり踏み

しめてますね」と誉め、元に戻るように指示した後、斜め前方への前傾踏みしめ動作課題に移行する。正面への前傾を数回繰り返した後、斜め前方への前傾踏みしめは、小指の付け根の肉球を使う踏みしめである。

正面への前傾動作課題、斜め前方への前傾動作課題を行うことで、普段は意識しない足の裏の感じ、膝・足首の感じ、まっすぐな軸でしっかりと大地を踏みしめる感じ、などを味わうことができる。これらをいったん意識化し、無意識に戻すことで、外乱を受け止める幅が増して、しなやかなからだとなる。

側方への腰の移動による踏みしめは、写真74のように内側が浮きそうになる足を、写真75のように足首を柔軟に使って踏みしめる。すなわち、足の裏の外側を使って踏みしめるのではなく、右に腰を移動させる場合は、右足の外側ではなく、むしろ内側の圧を強めていくような足の使い方をするとよい。正面への前傾踏みしめ動作課題以上に、足首の柔軟性が必要となる。

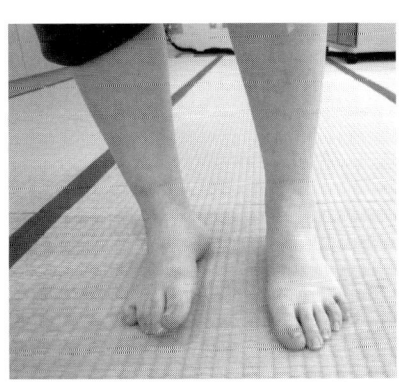

写真74　側方踏みしめで内側が浮きそうになる足

5 手続きの例——膝の出し曲げ

膝の出し曲げ動作課題は、直立姿勢から、上半身・腰は垂直上下動のみで前後には動かさずに、膝を曲げて腰を落とす動作課題である。肢体不自由者や要介護高齢者の場合は、腰が後ろに引けて倒れそうになるので、しっかりと支えつつ行うことが必要であるが、いわゆる身体的に健常な被援助者の場合は、さほど困難ではない動作課題である。しかし、股関節、膝、足首の柔軟性とバランスが求められる課題であり、からだのしなやかさのためには、大切な動作課題ということができる。

（1）何をするかの課題の提示と動作具合の確認

援助者が行ってみせながら、「上半身・腰を垂直に落として、膝を前に出しながら曲げてみましょう。脛が鋭角になります。ゆっくり動作してみましょう」と指示する（写真76）。足首を柔軟に使うこと、

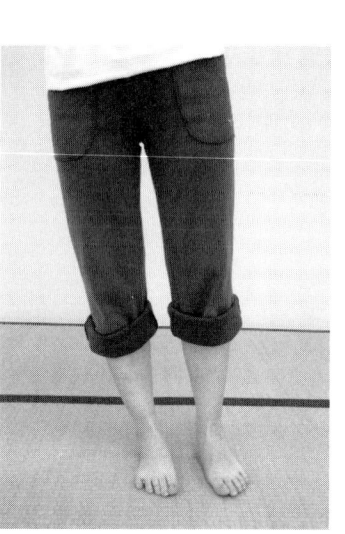

写真75　足首を柔軟に使った側方踏みしめ

膝を曲げてしゃがみ込んでいくにしたがって、足の裏の感じが微妙に変化していくので、それを味わうことを教示する。腰が引ける被援助者に対しては、「お尻が踵より後ろにいかないように調整してみましょう」と指示する。膝を伸ばして元に戻す際にも、足の裏の感じの変化に注意を向けさせる。

次に、膝を前に出して曲げた状態で膝を左右にゆっくりと振り、スキーのエッジ切り替えのように、膝を右に動かしたときには左足の裏の内側と右足の裏の外側で、踏みしめる動作をさせる。足の裏を浮か

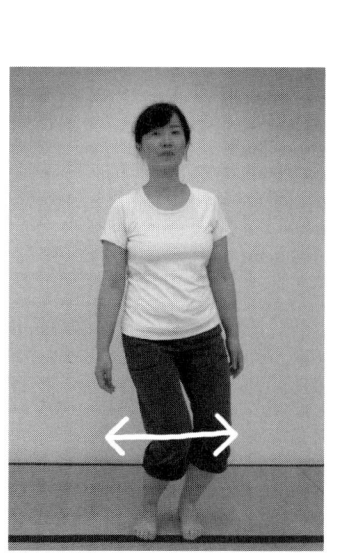

写真77　膝の出し曲げで足首を横方向に使うエッジの切り替え

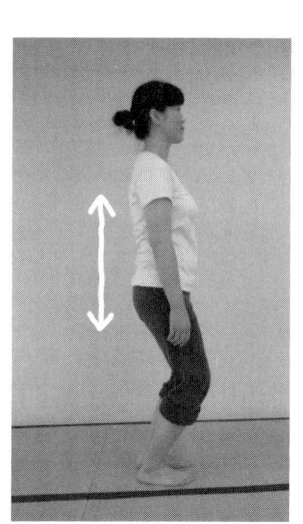

写真76　膝の出し曲げ（しゃがみ込み）

さずに、足首を横方向に自由に動かしつつ、バランスをとって踏みしめる動作課題である（写真77）。

（2）援助者の手の当て方

援助者は、被援助者の動作や、姿勢に補助や、修正が必要な場合以外は、基本的には被援助者に触れない。

（3）被援助者の努力への援助

膝を出し曲げた状態で、脛を垂直にしたまま尻を落とし込んでいくことも、動作課題として行うこともある。

なお、脚力のある被援助者には、脛を垂直にしたまま尻を落とし込んでいくことも、動作課題として行うこともある。

膝を出し曲げた状態で、フラダンスのように腕や上半身を動かしてからだ全体のしなやかさを確認、形成したり、フラフープを回すように腰を回させることもある。動作法においては、からだの特定部分に注意を集中してその部分の力みをとることや、正確な動作を行うことを求めて被援助者が「できた」という成功感・達成感を得ることがメイン課題であるが、結果として、総合的なしなやかさを確認することもあってよい。それらも含めて、セッション全体が被援助者にとって新しい発見と変化の実感の場となり、「楽しい」場となることが大切である。

6　手続きの例——半歩出し乗り

半歩出し乗り動作課題は、直立立位状態から左右どちらかの足を半歩出して、「出し足」に腰を乗せていく動作課題である。丁寧にゆっくりと「出し足」に腰を乗せていき、ほぼ垂直（出し足の真上）に乗ったら、腰を元に戻す（「蹴り足（後ろに残った足）」に戻す）動作を1セッションとし、このセッションを左右出し足を換えて繰り返すことが、正しい歩行動作の獲得につながる。

歩行が不安定な被援助者に対しては、このような丁寧な動作手順とからだの感じの獲得を無視してむやみに歩かせても、身体的にも心理的にも意味がない。

（1）何をするかの課題の提示と動作具合の確認

大股に半歩出させるのではなく、軽くまっすぐに半歩出させる（写真78）。立位や歩行が不安定な被援助者の場合は、わずかに足を前に出させるだけでよい。援助者は被援助者の足の出し方を観察する。摺すり足やつま先着地（写真79）は「引っかかって転びやすい歩行動作」であり、この半歩出し乗り動作課題あるいは片足立ち動作課題で、片足にしっかり乗れるようになることで改善を図る。

次に、被援助者に、出した足に腰を乗せていくよう指示する。その

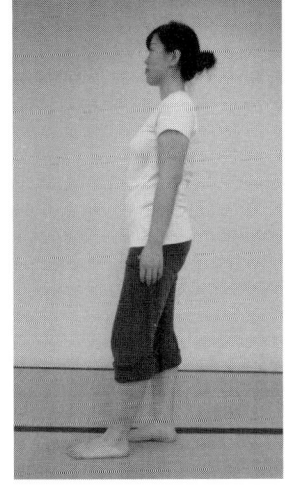

写真78　軽く半歩出し

際、膝小僧をまっすぐに出すこと、腰をひねらずにまっすぐに出すこと、からだ全体が歪めずにまっすぐなしっかりした軸のまま乗っていくこと、出し足に乗り切った際には、足がまっすぐになっていることに留意し、できていない被援助者には、そのような動作を指示する。

また、腰を乗せていく過程で足の裏の感じに注意を向けさせて、「足の裏がクリクリぶれないで、スーッとまっすぐ乗っていける仕方を練習しましょう」と教示する。足の裏のブレについては、ゆっくりと出し足に乗る動作をさせながら、「どう？ 足の裏はクリクリしていないですか？」などの確認を入れながら、課題を遂行させる。

蹴り足は、出し足の真上に腰が乗った時点で、足指だけが床について十分に踵(かかと)が上がっている形になる(写真80)ことを指示し、蹴り足が浮く前に(歩行はさせないで)元の姿勢に戻らせる。すなわち、半歩出し乗り動作課題は歩行につなげる動作課題ではあるが、実際の歩行はさせずに、軸を保持しての重心の移動という、動作遂行におけるからだの感じの変化を味わうことを目的とした、動作課題である。

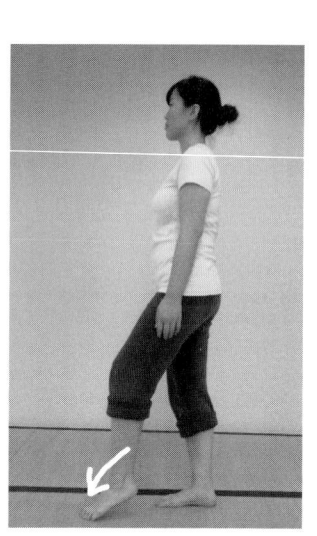

写真79　出し足のつま先着地（悪い例）

(2) 援助者の手の当て方

援助者は、基本的には被援助者の動作や姿勢に補助や修正が必要な場合以外は、基本的には被援助者に触らない。

(3) 被援助者の努力への援助

援助者は、基本的には被援助者に触れずに指示するが、立位や歩行が不安定な被援助者に対しては、写真81のように、横から被援助者の腰に腕を巻き支えて、腰の移動を誘導することもある。特に高齢者で、怖がって尻を引いて腰をまったく前に出せない被援助者には、このような支え方をして、「大丈夫。絶対に倒しませんから、腰を前に出してみましょう」と安心感を与えることも必要である。

最初は怖がって腰を後ろに引いて、援助者が腰を前に出すためにかなりの力を加えても、ピクリとも前に出せず、援助者の髪の毛を引きちぎって抵抗した認知症高齢者が、一度うまく腰を前に出す体験をすると、別人のように、得意げに、腰を前に出すようになることも多い。

写真80　乗り切った半歩出し姿勢

とりあえず、半歩出し乗り動作ができる被援助者に対しては、足の裏の感じの変化に注意を向けさせて、クリクリぶれないこと、いったん外側や内側に重心が移動する円弧軌道ではなく、まっすぐに重心が移動していく直線軌道で足の裏の圧の変化を調整すること、乗り切ったとき、足指には圧をかけずに足指の付け根の肉球で受け止めること、などの感じを味わうことと調整を、課題として指示する。

また、それらが上達した被援助者には、軽く半歩出した足をさらに少し前に出させて、歩行時の歩幅程度に広げ、蹴り足で蹴りながら腰を前に出して乗せる動作も行わせる。なお、左右差に注意を向けさせることも大切である。

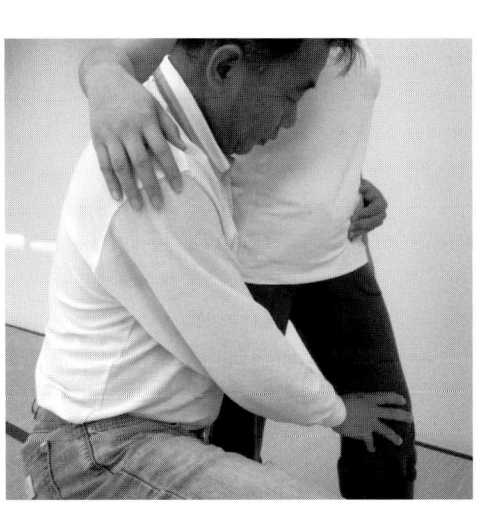

写真81 立位や歩行が不安定な人への半歩出し乗り援助

● ● ● 7 手続きの例──歩行 ● ● ●

歩行動作はその前提として、①肩・胸周りのしなやかさ、②背中、骨盤の動きのしなやかさ、③胸板をしっかり立てて背中にも反りがない、しっかりとした軸を作る動作課題を行っておく。次に、歩行の前動作課題としての半歩出し乗り動作課題を、スムーズかつ安定して行えるようにしておく。

歩行動作課題での留意点は次のようなものである。

（1）膝を曲げるのは空中でのみとする。

（2）出し足は、蹴り足として踵を上げた状態から、踵を円弧軌道で前にもってくるようにして出す。

（3）出し足の着地は、膝をほぼ伸ばして、踵から着地する。

（4）出し足は、踵からつま先のほうへ重心が移動するように、足の裏をしなやかにたわませながら、まっすぐに接地していき、足指の腹までしっかり接地させる。

（5）膝を伸ばしたまま、腰をまっすぐに乗せていく（膝の皿は正面向きにして、出し足に乗っていく）。

（6）蹴り足は、膝を伸ばして、しなやかに踵からつま先のほうへまっすぐに重心を移動させていき、足指の腹と（指付け根の）肉球で、地面を蹴るようにしなやかにたわませる。

（7）出し足に腰が乗った時点では、蹴り足は、膝が伸び、踵が高く上がって、足指と足裏には角度がついている。

(1) 何をするかの課題の提示と動作具合の確認

自分で歩ける被援助者に対しては、「緊張するとギクシャクするので、気楽に歩いて、あそこでUターンしてここまで戻ってきてください」と指示する。集団で動作法を行っている場合は、歩く人以外を観客として気づいたことを述べさせると、「手の振り方が右腕と左腕が異なる」「さっきの人は一本の直線の上を歩くようにからだの前に足を出していたのに、この人は線路のように右足と左足が別々の線の上を歩いている」「江戸時代の駕籠かきのように腰を正面に向けて、腰から下だけが脚のように動かす人と、腰を回しながら骨盤のあたりまで脚のように動かす人がいる」「腰を回す勢いで脚を振り出していて、脚がまっすぐに出ていない」など、先述の歩行動作課題での留意点以外にも、さまざまな観察視点が得られる。これらはすべてが良い・悪いと評価されるべきものではないが、被援助者に、援助者や観察者の指摘を受けて「普段の歩行動作とは違う歩行の仕方」を動作させることで、気づきをもたらすことができる。

(2) 援助者の手の当て方

援助者は、被援助者の動作や姿勢に、補助や修正が必要な場合以外は、基本的には被援助者に触らない。

(3) 被援助者の努力への援助

軸がまっすぐで安定した歩行のためには、背中を丸めて歩かず、特に胸板を立てることが大切である。坐位で胸板が上手にできるように

なった被援助者であっても、歩行にはそれを活かせていない人もいる。したがって、「みぞおちの裏側の背中を前に出して、お腹は引っこめて、骨盤は立てる。はい。そのまま歩いてみましょう」のように、いったん姿勢を作っておいて、そこに留意させつつ歩行動作を行わせる。

また、蹴り足で足指と足の甲に角度をつけてしっかり踵を上げて蹴ると、胸板が立ちやすく、腰の移動速度が上がるため、自然と歩行速度も上がる。ただし、背中の反りが出ることもあるので、頭の後ろから背中、尻、太腿の裏、ふくらはぎ、踵という、背面の筋肉の緊張状態とバランスに留意させる。なお、歩行の不具合については歩行のなかで修正できるものは修正を試みさせ、難しいものに関しては、半歩出し乗り動作課題に戻って修正する。

第5節　コミュニケーション動作

1　基本解説

すべての動作課題は、たとえば、肩胛骨（けんこうこつ）の回し上げ下げという一つの動作課題のなかには、すべての体験課題が含まれているし、援助者の設定（働きかけ方）によって、被援助者の体験の強調点を変えることもできる。当然、援助者と被援助者の二人が行う共同作業ともいえる動作法のすべての動作課題には、コミュニケーションの側面が含まれている。しかし、特に二者のコミュニケーションにおける、「相手の

2 手続きの例──ET

ET動作課題は、スティーヴン・スピルバーグ監督の映画『ET』の一場面で、宇宙人と少年が人差し指を合わせるシーンがあり、それに似ているということで、誰ともなくこの動作課題をETと呼ぶようになったものである。ET動作課題は、どのような姿勢で行ってもよいが、通常は被援助者が臥位、援助者が坐位、あるいは被援助者・援助者ともに坐位で実施する。

ET動作課題は、写真82のような姿勢で援助者と被援助者が人差し指を合わせ、被援助者は援助者の動きに遅れないようについていくことが課題である。

援助者は、基本的にはゆっくりと腕を動かしていくが、動かすスピードを変えたり、突然動きを止めたり、方向を変えたりする。被援助者はその動きを察し、指が離れないようにする。上達して指が離れないようになれば、写真83のように合わせた指の角度が一定のまま、写真84のように、先行しすぎて指がたわんだり、遅れて指先が離れたり

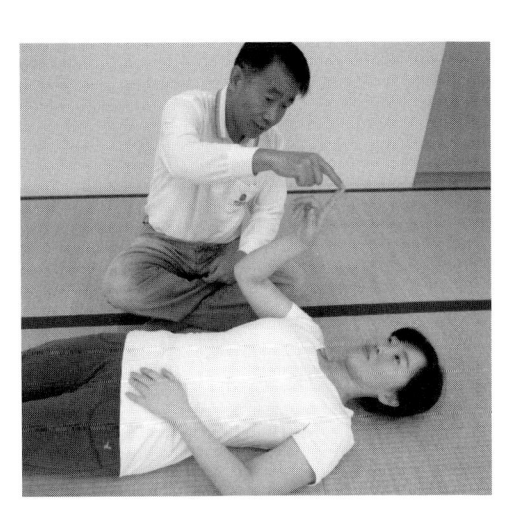

写真82　指合わせ（ET）

写真84　追いきれずに離れた指先

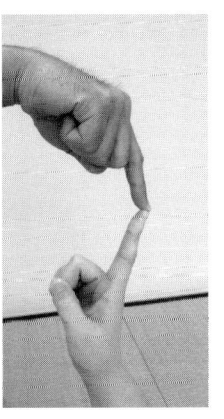

写真83　一定の指角

せずに追従することを求める。

（1）何をするかの課題の提示と動作具合の確認

援助者は、被援助者に、「指が離れないようについてくることが課題です」と教示し、最初は下から上に円弧を描いて腕を上げていく動作軌跡のなかで、スピードをわずかに上げたり、急に動きを止めたりする。被援助者が課題の理解ができたら、「今度は、どっちに行くかわかりませんよ」と教示して、止めた後にさらに上に上げたり、あるいは戻したりと動作方向を任意に変え、それについて来させる。

次に、援助者は、「今度はいろいろな方向に動かします。ついて来てください」と声をかけ、援助者と被援助者の間の空間を、前後左右、斜め、直線的、あるいは円軌道や、8の字を描くように、三次元

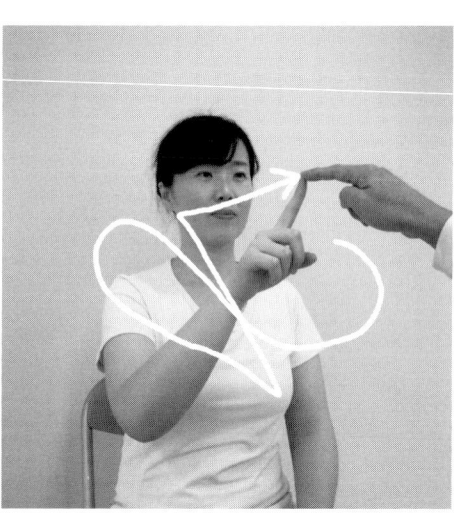

写真85　三次元的動きへの対応

的に自由に指を動かして追従させる（写真85）。

なお、援助者と被援助者の役割を交代し、被援助者が追従するセッションを加えて、被援助者に他者を追従させる体験を提供してもよい。

（2）援助者の手の当て方

援助者は、指先以外は被援助者に触れない。

（3）被援助者の努力への援助

援助者は被援助者の指先の追従具合から、その上手下手を判断し、「とてもできない」感を与えないように、被援助者の上達に合わせて、課題の難しさを徐々に増していくようにする。

また、追従を困難にしている肩の力みや手首の柔軟性の欠如などに気がついたときは、それを指摘し、「なんだかぎこちないですね。もっと手首の力を抜いて、プラプラにしたほうがやりやすいと思いますよ」のように、力みをとることを求める。また、たとえば手首や肘の柔軟性については、指を二人の間で近づけたり遠ざけたりする直線的動作で練習するなどを行う。

動作的な難しさの感想だけでなく、援助者の指が自分に向かって迫ってくると圧迫感を感じる被援助者がいたり、援助者に追従させることが楽しかった、援助者に向かって指を突き出すことに快感を感じた、などを述べる被援助者もいる。そこで、こころのケアを目的とする動作法としては、他の動作課題同様に、すべてを終了した後に感想を聞くことが大切である。

第4章 高齢者への適用

第1節 高齢者の特徴と動作法

1 高齢者を特別な存在とは見ない視点

まず、高齢者を、特別な存在であるとはとらえないことが大切である。たしかに、生物的に不可避である老化や、年齢的な社会的役割の変化など、高齢期の特徴といえるものはあり、動作法の適用・実施においても留意すべきことがある。

老化については、視力、聴力、筋力などの低下は不可避といえる。聴力が低下している被援助者に対しては、どの程度の聴力があるのか、左右どちら側が聞き取りやすい（聞き取りにくい）のかなどを把握しておく。被援助者のなかには、適当に相づちを打つことが習慣となっている人もいるので、援助者が伝えていると思い込んでいる指示などが、実はまったく伝わっていなかったということも生じる。

しかし、これらの能力低下に関しては、把握・配慮をすればよいというだけの話である。筋力に関しては、筋力が低下する病気でないかぎりは、動作法を行えないほどに筋力が低下しているということはない。よく「あの人は最近、筋力が低下して立てなくなった」という言葉を耳にするが、筋力が低下して立てないことはないといってよい。

また、高齢期には、配偶者など家族・親族の喪失、退職による地位・権力の喪失、収入の減少、役割の減少、場の減少など、個人差はあるが経験せざるを得ない。しかし、これらについても、喪失や減少の「内容」に留意するのではなく、そのことによって生活における体験の仕方に、何か不都合が生じているか否かを把握する視点を持てばよい。

最近では、65歳を過ぎても肌の色が艶々しており、背筋もまっすぐに伸びた（高齢者と呼ぶには気が引けるほど）元気な人も多い。逆に、いわゆる高齢者と呼ばれる人以上にからだの柔軟性や体力がなく、背中も丸まって覇気のない若者や中年も少なくない。また、高齢者にも膝・腰の痛みを理由に自宅に引きこもりがちになっている人

や、要支援・要介護状態で日常生活に困難を来している人もいる。したがって、身体的視点からも、心理的視点からも、個々人の能力、活動、参加の状態像から、行うべき支援・援助を考える必要がある。

●●● 2　動作法の位置づけ ●●●

本書では、動作法の実施にあたって、「どこが固いのか。固い部分を弛めてやろう」という視点ではなく、「そのような固さを作り出している無意識的な力みなどに着目すること」や、「主体の活動の仕方を変えていく」視点を持つことを解説してきた。このような視点は、生活をアセスメントする際にも、支援・援助を実施する際にも必要である。不具合を生じている生活の「部分」や「内容」に捕らわれるのではなく、「背景」「連続性（つながり）」、そして生活の「仕方（様式）」という、その人の生活全体（全体的メカニズム）をとらえなければ適切な支援は行えない。

動作法の実施については、生活全体を見据えた生活プランのなかで、何を目的に、どのように位置づけて、どのような形・頻度で実施するかを、明確にしなければならない。動作法はその効果から、身体的改善を主にする働きかけとしても、こころのケアを主とする働きかけとしても使用できる。すなわち、比重の問題ではあるが、動作法の目標設定は対象の状態像（対象に必要な支援・援助）によって決まり、働きかけ方も変化する。おおむね、被援助者がほぼ健康であり、介護予防を目的とする場合は、身体機能の維持とこころのケアの両方

が同じくらいの比重で目的となる。また、引きこもりや鬱状態にある高齢者、あるいは認知症によるストレスで問題となる行動が顕在化している高齢者に対しては、こころのケアが主目的となり、身体的改善はそのための手段となる。改善の可能性があるにもかかわらず、放置されている寝たきりの肢体不自由高齢者などに対しては、心的活性化が必須ではあるが、目的としては身体機能改善の比重が高くなる。

そして、動作法をセラピューティックな働きかけとして実施するならば、個別にきちんとアセスメントを実施し、身体的課題、心理的課題、生活上の課題などを明確に把握・見立てたうえで、動作法実施中のモニタリング、実施後の効果の把握と、継続的モニタリングを行う必要がある。

動作法においては、被援助者は必ずしもこころのケアであると認識している必要はないが、援助者は、単なる身体的リハビリテイションやレクリエイション活動ではないことを、強く認識しておく必要がある。老人ホームなどで、フロアにいる人を適当に集めて動作法を行って、終了後は「やりっぱなし」という実施方法をしてはいけない。集団で実施する場合においても、個別のアセスメントを実施し、実施各回の直後にきちんと個別ケースに対するカンファレンスを実施し、評価・反省と次回への課題を明らかにすることが必要である。

●●● 3　動作法の導入と課題設定 ●●●

高齢者への動作法の導入については、必ずしも、動作法の理論を説明し、こころのケアを目的とすることを解説する必要はない。しか

し、言葉では解説しなくても、動作法実施のなかで、動作法とはどのように行うものであるかは、きっちりとからだを動かすという行為は、体操であったり、多くの人にとってからだを動かすという行為は、体操であったり、リハビリテイションという認識が強い。したがって、「動かせばよいのでしょ」「回数多く動かすのでしょ」という態度で、「動かせばよいす高齢者もいる。単に動かすだけではなく、回数多く動かしほぐすことが目的ではなく、丁寧にゆっくりと動かし、からだの感じを味わうこと、気づきを得ること、そしてある意味困難なことと向き合い、乗り越える調整（努力）をすることが大切であることを、過程を通して示す必要がある。

高齢者が自宅に引きこもっていく際には、「めんどうくさい、おっくうになる」という過程がある。最初は、膝の痛みや腰の痛みが引き金となることが多いが、だんだんと動かなくなり、本当はできることであっても行動が消極的になっていく。また、老人ホームなどでは本人がすることを待つのは時間がかかり、立て込んでいる業務がさばけないので、本人ができることまで介護者がしてしまうことによる「過保護高齢者、受け身高齢者」作りがなされている。

そのような受け身に慣れた高齢者にとっては、「自分が『する』ことを求められる動作法は、面倒くさいと感じられることがある。筆者の実感としては、要介護状態で受け身になった高齢者であっても、面倒くささ以上に、他者に集中的にかまってもらえる嬉しさのほうが強く、動作法の実施に困る被援助者は少ない。しかし、なかには「してもらう、気持ちいいだけ」のほうを好む高齢者もおり、下手に肩など揉んだりすると、「動作法はもういいから、もっと肩を揉んでくださ

い」と言われることになる。
動作課題・体験課題の設定については、被援助者の状態像に応じて援助者の見立てで決定し、進めることもあるが、被援助者本人にからだや動作の不具合を尋ね、その部分に取り組んだり、集団で動作法を実施する際によく使用する、「課題探し」と称して万歳をしてみたりからだをひねってみたりすることで、動作の不具合を探させて取り組むこともある。

● ● ●
4 認知症の高齢者 ● ● ●

認知症高齢者は、第1章で述べたように、「何もわからなくなっている人」ではない。きわめて重度な認知症高齢者で、聴覚的理解も発語も失っているうえ、知的レベル・行動レベルもきわめて低下しており、認知症というよりもまさに痴呆といったほうがピッタリくると感じる人を担当したことがあるが、このような人であっても、動作を通じたやりとりは可能であり、その人の状態像に合わせれば動作法を問題なく実施することができる。

また、そのような特殊例を除く99％の認知症高齢者は、他者との認知的なズレが大きいものの普通の会話は可能であり、その人なりの主観的世界の中で生活をしている普通の高齢者ととらえることができる。記憶障害や認知的なズレをベースとするストレスにさらされ、混乱やイライラ感が高まり、自信を失って不安定になっているだけなので、まさに動作法の適用が必要であり、動作法に適した対象である。

なお、「しーっ、だまって！ただ今、天皇陛下から交信が来ていま

す。そうです、この者たちは私をたばかって、動作法なる施術を施そうとしているのです。はい、そうです。ええ、そのように計らいます」のような"交信（宙に向かっての会話）"を行う人は、単なる認知症ではないが、カルテには単にアルツハイマー型認知症と記載されていることがある。しかし、診断名が何であれ、今現在どのような状態像であり、（本人が困っていると意識しているかどうかはさておき）何に困っている人なのかの見立てを正確に行いさえすれば、動作法の実施にまったく困難はない。

●●● 5　暴力をふるう認知症高齢者 ●●●

　介護福祉士実習で、「おはようございます」と声をかけたらいきなり殴られ、恐怖心が生じ、実習ができなくなった学生もいる。筆者も、エレベータに家族と一緒に乗っている認知症高齢者に、「こんにちは」と声をかけたら、いきなり「お前が、お前が」と叫びながら爪を立てられ、手のひらをつねられて青あざになったこともある。ベッドに寝ている認知症高齢者の顔をのぞき込みながら「こんにちは」と声をかけると殴られ、手をつかんで止めるとペッペッと唾を吐きかけられたこともある。いずれも、初対面あるいはつきあいの薄い高齢者なので、こちらに対する遺恨で暴力をふるっているわけではない。

　自閉症児・者が言葉で気持ちを伝えることができずに手が出てしまうことと同様に、被害的な気持ちになっている認知症高齢者が、破裂寸前までにストレスを溜めた状態できっかけを受けると、爆発しているように解釈できる。認知症により感情のコントロールが難しくなっていると

いう理由もある。いずれにしても、生活環境や周囲の対応などのまださからイライラが溜まっているだけのことであり、その人なりの論理性をもって思考している人が多いので、自閉症児・者よりも暴力行為を消失させることは容易である。

　このように暴力をふるう人や、セラピーに理解を示さずわめき散らす人は、カウンセリングや通常のセラピーには不適合とされる人が多いが、動作法は「まさにその実施目的にかなった人であり、問題なく実施できる」ことから、認知症高齢者のこころのケアには最適な手法といえる。

　もちろん、ちょっと気を抜くとパンチが飛んでくるので、実施にあたって援助者は、パンチが飛んできそうな気配を察することや、被援助者の言葉を受容的に返しながらも、からだや動作に気持ちを向けるような言語的・動作的働きかけをするなど、少々の経験によるテクニックは必要である。しかし、慣れてしまえば難しくはない。

　動作課題としては、本人にとって必要性がわかりやすく、かつ成功感・達成感が得やすい課題を導入課題とすることが適当である。具体的には、歩行が不安定になっている人には半歩出し乗り動作課題、寝たきり状態になっている人には、ベッドサイドに足を下ろして背もたれなく座る動作課題や、膝は伸びなくてもかまわないので前から腋あるいは手を支えられての立位動作課題など、三次元に軸を作る動作課題が効果的である。

　著効例としては、20分ぐらいの1回の動作法セッションで、写真86のように股関節を伸ばして後ろに反り返るようにしか座れなかった認知症高齢者に、「人を頼っちゃだめです！」「ここ、ここ（股関節に触

れながら）を曲げなきゃ座れない！」「一人で座れなきゃだめ！」と（パンチや唾を避けつつ）声をかけながら、後ろに倒れ込もうとする被援助者と格闘しつつ背中を微前傾まで起こし、「頼っちゃだめ！」「一人で座る！」と、支えている手を頻繁に移動して（背中の支えを背中の違う部分に移動したり、肩に移動したり、頭に移動して）、支えを移動する瞬間は支えなく自分で坐位を保持する感じを体験させたり、手のひらで支えている状態から指先で突くような支え方に変更して補助が少なくなった感じを体験させ、写真87のように一人で座るようにすると、スッと表情が柔和に変化し、焦点が定まらない目も落ち着いて、「いやー、上手！」と声をかけると、「はい。喉が渇いたので、お茶でももらいましょうか」のようなまともな会話をするようになり、暴力も消失することがある。

動作法の特徴は、少なくとも数回動作法を実施すれば暴力をふるわなくなるケースが多く、即効性と効果が持続することである。貯金を

盗られる、ご飯に毒が入っている、どこかに連れて行かれてひどい目に遭わされるなど、被害妄想的発言や暴力が治まらなかった認知症高齢者が、落ち着いた後はピタリとそのようなことがなくなり、「お待ちしておりました」「行きましょうか」と笑顔で迎えてくれるようになることも多い。

以上のようなことからも、認知症高齢者の暴力・暴言・被害妄想などは、"認知症"という病気の症状ではなく、心理的に不安定になっているがゆえのものであることがわかる。ストレスの原因は複合的と思われるが、被援助者からは結果として人間不信が強く感じられ、動作法による自分自身への自信の回復と同時に、少なくともこの人は信用できるという他者への信頼感の再形成が、大きな意味を持つように感じられる。

なお、寝たきりの人への立位は、写真88のように、被援助者の股の間に援助者の片脚を入れて、垂直に引き上げる方法が介護職によって行われているが、本来人間は垂直には立ち上がれないものであり、こ

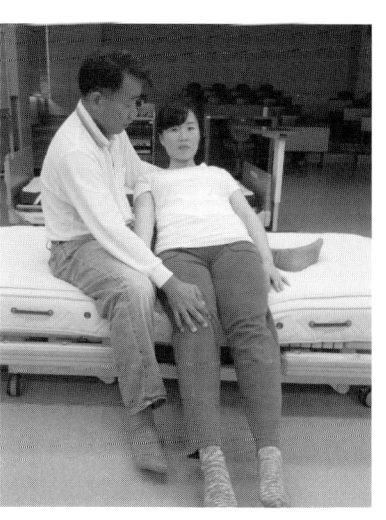

写真86 股関節が伸びたベッドサイド坐位

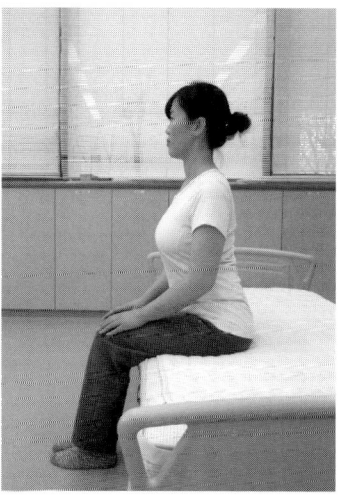

写真87 背中を微前傾させたベッドサイド坐位

のような立位補助の仕方は間違っている。

本人が自分で踏ん張りながら立ち上がることを補助するためには、**写真89**のように、十分前傾させて、少し膝を出しながら前に突き出すように動作させなければならない。そのときの補助は、被援助者の状態像に応じて、被援助者の手を引くだけにしたり、被援助者の腋（わき）の間に手を差し入れて支えたりするが、いずれにしても援助者を頼らせないことが大切である。なお、一人で立つことが不安定な被援助者に対しては、援助者の脚を被援助者の膝に当てて支える。

このような援助の仕方により、寝たきりと呼ばれるほとんどの高齢者は支え立ちすることが可能であり、**写真90**のように怖がって後ろに引いている腰を前に出して、**写真91**のように尻と踵のラインが一致すると（尻を足の真上まで持ってこさせると）、自分で踏ん張って立てるので援助者は支えに力がいらなくなる。もちろん、援助者は被援助者のふらつきには十分注意し、どちらの方向にふらついても支えられるような援助姿勢をとり、身構えておく必要がある。

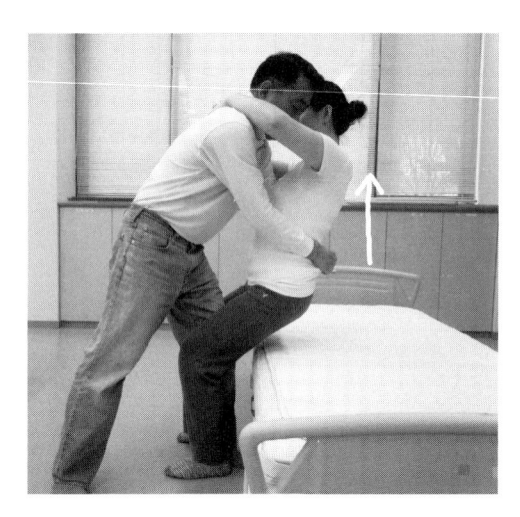

写真88 間違った立位のさせ方（垂直引き上げ）

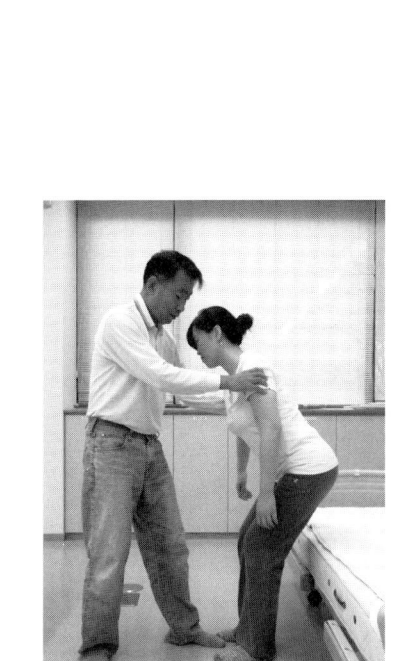

写真90 怖がって腰を引いた立位

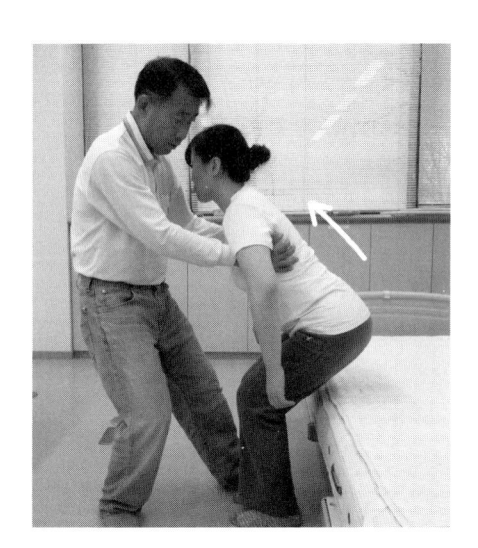

写真89 正しい立位のさせ方（前傾・膝出し）

6 わめき散らす認知症高齢者

認知症高齢者のなかには、場に合わない内容のことを大声でわめき散らす人がいる。個室でマンツーマンで動作法を実施する際にはまったく問題にはならないが、集団で実施する際には他の参加者が迷惑がったり、雰囲気が壊れるという問題がある。

このような参加者がいる集団での動作法実施の場合は、動作法セッション開始前に、歌や自己紹介、好きな食べ物などを聞く、といった事前セッションに時間をかけずにさっさと動作法セッションに入り、からだの感じという現実に注意を向けさせ、動作という現実的努力を発揮させることで対応可能である。

動作法の実施中には、被援助者の動作に関すること以外の発言は無視、あるいは「それは後でね」と制して、「ほら、ここ、ここは痛くない？」「こっち、もっとゆっくり、丁寧に動かしてください」などの声かけを行う。場に合わないわめき散らしについても、暴力同様に

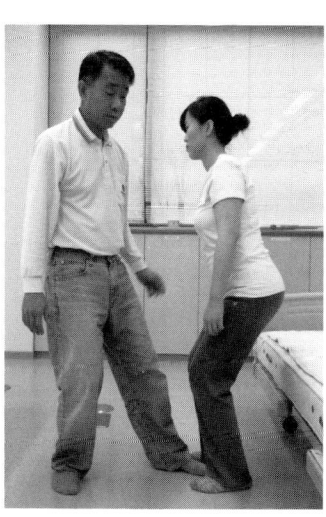

写真91 尻と踝のラインが一致すれば立てる

やがて消失・改善される。

7 鬱状態の高齢者・拒否する高齢者

高齢者への動作法に関しては、自らが来談者として相談にやってくるケースだけではなく、施設や病院で生活している高齢者であって、スタッフがこころのケアの必要性を感じて動作法の適用を図るケース、在宅高齢者であって、家族の依頼でこころのケアとしての動作法を実施するケースなどがある。どのようなケースであっても、導入には本人の意思を尊重し、本人が動作法をやってみようかという気持ちになるように働きかける。ただし、鬱状態でここ数年一言もしゃべる姿を見たことがないという高齢者の場合などは、「動作法をやってみましょうか？」「はい。やります」とは簡単に導入はできないので、結果的に動作法をやる気になるような働きかけを行う。

「○○をしましょう」と声をかけてもまったく乗ってこない、通常であればパッと表情が動くような綺麗な花を見せても、うつろな表情のまま、目は開いているのだけれどもどこを見ているのかわからず、焦点が曖昧になっている、何かを握らせても握ろうとせず、そのままポトンと落としてしまう、車椅子に乗せて施設・病院の中庭に散歩に連れ出しても、まったく表情が動かず発語がない、このような鬱状態の高齢者は、遊び系のアクティビティに参加させてもほとんど意味がない。

テレビを見せれば気持ちが晴れるだろうと、ロビーのテレビの前に

車椅子を移動し、座らせているケアワーカー・看護師がいるが、テレビを楽しむために、テレビを楽しめる心理的状態にあることが前提であり、ほとんど意味がない。動作法はこのような心理的状態にも適したこころのケア技法であり、すべてを無視して自分の中に籠もっていても、からだに触れられて動作を求められたり、「こっちに動かしてみましょう」などと他動的に動かされたりすれば、拒否するか従うかの対応をせざるを得ない。

拒否は非常に能動的な対応であるし、長くは続かないが、無視もそのような状況下ではかなりの努力が必要となる。拒否が出れば、内心喜びつつ、「ああ、そうですか。これは嫌だったのですね。じゃあ、こっちを動かしてみましょう」という働きかけが可能である。軽く動かしただけで、痛みがあるとは思えない状況で、「痛い！殺される！」と拒否する高齢者も少なくない。その場合は、「あ、痛かった？じゃあこれはどうですか？」と手のひらを被援助者の肩に当てるだけにする。それでも「痛い！痛い！殺される」と言うならば、指1本を当てるだけにする。それも「痛い！痛い！痛い！」と誘う。すると、仕方なく腕を挙げるようなことが見られる。

「痛い痛い」の口調も、死にそうな口調から平板な口調に変化することが多く、右手を挙げれば「あらー、上手に右手が挙がりましたね。左手は？」と課題を進めることも困難ではない。「あらー、上手に挙がりましたね。そこまで挙がれば20代！痛みは？」と聞くと「え？痛みは……痛くない」と笑うこともある。

拒否については、上記のように痛くもないのに「痛い」と言うような場合に、それを切り口に「やりとり」を行って動作法に導入することは一つのテクニックといえるが、たとえ認知症の高齢者であっても、本人の意思として尊重する必要がある。ただし、何をされるのか知らないが故に恐怖を感じている場合や、心理的な問題（不安、人間不信、意欲の低下、自信の低下など）が明確な場合など、こころのケアとしての動作法の必要性が強く感じられるときは、「そうですか。わかりました」といったん引き下がることはあっても、本人の自己決定なのだからと放置することはしない。

高齢者の拒否でよくあるパターンは、最初は援助者の「こっちに動かしてみましょう」という他動に、拒否もせず、能動的に動かすこともせず、されるがままになっていた人が、「あれ？○○ですね。もっと○×してみましょう」とからだの不具合を指摘されて、力を抜いたりからだを伸ばすなどの能動性の発揮を求められた途端に、「うるさい！触るな」「痛い、痛い、痛いーっ！」と叫び出すパターンである。このような場合は、少しその動作課題を探り、興奮が激しいなど継続が困難と判断される場合は、その被援助者が乗ってくる別の動作課題を探す。これも援助者と被援助者のある意味の「やりとり」であり、援助者がびっくりして、弱気になって完全に引き下がってしまっては、次回につながることはないのが普通である。

一方、ケースによっては、散歩に誘う、別室でお茶を飲むことを誘うなど、少し回り道にはなるが、本人が拒否しない形での関係形成を図ることもある。認知症高齢者で帰宅願望が強く、出口を探して徘徊を続けている人は、「帰る」ことに気持ち（注意）が向いているので、「動

作法などやっているひまはないという状態である。「息子が迎えに来ているのですが、出口がわからなくて困っています。」「そんなこと（動作法）はできないのっ！あんた、連れて帰って！」のように、連れ出してほしいことを直接的に頼む人、「今何時でしょうか？ああ10時ですか。ちょっと用事があるのでできません」のように時間がないと断る人などがいる。そのような人でも、「私の部屋でお茶でも飲みませんか？」という誘いには乗ってくる人が多く、実際にお茶を出して飲ませた後に、「ちょっと立ってみてください。何をやるにしてもからだが資本ですから、寝たきりなんかにはならないようにしないとね」「うーん。ここはもうちょっと、こうやったほうがしっかりすると思いますよ」と導入していく。興味を示し取り組むようになると、「またやりましょう」「はい。お願いします」と言うようになって、行動も落ち着いてくる。減少し、笑顔も多く見られるようになり、「帰ります」「こんなことをしている暇はない」と興味がすぐ逸れる。したがって、少しの努力は必要であるが対面の難しすぎず、プロセスのなかで「できるようになった」ことをやらせると、「こんなことをしていない」という逃げ方をし、簡単すぎることをやらせると、「ここは居心地が悪い」というサインであり、居心地が良くなればそのことに気持ちが集中しなくてこのことからも、帰宅願望は難しいことを指摘されると、「帰ります」「こんなことはしなくていい」という逃げ方をし、簡単すぎることをやらせると、「こんなことをしている暇はない」と興味がすぐ逸れる。したがって、少しの努力は必要であるが対面の難しすぎず、プロセスのなかで「できるようになった」ことを意識できる動作課題を選んで実施することが、コツといえる。基本的には、「努力感を伴う成功感」を途切れることなく与え、「そう！うまい！上手！」「すごく上手になりました

た」と誉め上げつつ、「まだいける」「もう一歩上」を目指させるようにもっていく。

8 できているのにわからない高齢者

高齢者に限らないが、からだの感じへの注意の向け方が下手な人、からだの感じの微妙な差異を区別できない人、注意を向けようとしない人、などがいる。肩胛骨（けんこうこつ）の回し上げ動作課題で、最初はほとんど上げることができなかった高齢者が、かなり上がるようになった。そこで、「ずいぶん上がるようになったね」と誉めても、「わかりません」と答える。「えっ？初めは全然上がらなかったのが、ほら、こんなに上がってますよ。すごく上手になりました」と言っても、「……全然わかりません」と答えるのみ、ということもある。終了後に誉めても、「わかりません」という答えが返ってくることが多いので、最中にリアルタイムに誉めることが必要であるが、それでも「わかりません」と言う高齢者がときどきいる。

認知症高齢者の場合は、実際に認知能力が低下していることもあるが、できなくなっている自分に対面してばかりの辛さから、何かにトライしてみること自体を放棄していることもある。また、認知症ではなくても、判断・責任・自主性などを発揮する場がなく、主体的・能動的に気持ちを集中して何かを行うという、主体の活動の仕方がほとんど含まれない生活様式で日々の生活を送っていることも、原因として考えられる。若者であっても、空想や思いの世界に逃げ込んでいる

人は、非現実に現実感を感じ、現実に現実感を感じることができなくなっていることがある。

いずれにしても、どのくらいからだの感じに注意を向けることができるか、どのくらいからだの変化に気づくことができるか、その人の主体の活動の仕方の一つのアセスメントとしてとらえることができる。このような人に対しては、大雑把な複合動作ではなく、「ある部分だけを動かす単位動作」を動作課題として設定し、丁寧な言語的・動作的支援を行うことで、態度、注意の向け方、気づきなどの変化を引き出していけばよい。変化は数回の動作法実施で現れることが多く、そのような認知的変化・動作的変化は、本人の自信や行動的変化にもつながることから、動作法の実施にあたってはむしろ、最初に困難があったほうがセラピーとしての効果はあがると考えたほうがよい。

●●● 9 高齢者の歩行の特徴 ●●●

「〇〇さん」と呼ばれて振り返ろうとして、ひねりながら転んだために大腿骨を骨折してしまった高齢者がいる。

多くの高齢者はこのような転倒がいつ起こってもおかしくない予備軍といえるが、膝を曲げ、尻を踵より後ろに引き、伸ばせる背中もより曲げることでバランスをとって歩いている。足を上げて浮かすと後ろに転ぶので、摺り足で小幅でしか歩くことができず、脛と足の甲の角度、骨盤と太腿の角度を、ほとんど変化させずに歩く。

このような立位・歩行姿勢では、後ろを振り返らずに歩く。後ろに行き、ひっくり返ってしまうのは当然である。鶏が先か卵が先

かという話になるが、背中が曲がって丸まった上半身に合わせた立位・歩行姿勢をとることで、背中がさらに曲がり、さらに曲った背中に合わせるように立位・歩行姿勢もより悪くなり、どんどん背中も曲がっていくという悪循環になる。

そうなった原因はたしかにあるのであろうが、伸ばしてみると背中は意外に伸びる。股関節や膝も伸びないことはない。丁寧に立位・歩行動作課題を行うことで、意外と前に出るという人も多い。怖がらずに腰を出させてみると、意外と前に出るという人も多い。丁寧に立位・歩行動作課題を行うことで、しっかり安定した姿勢・動作に改善される高齢者も少なくない。以上のことから、老化は確かにあるにしても、老化による姿勢や動作の悪化（高齢者のステレオタイプな立位・歩行姿勢）は仕方がない、というあきらめによる本人や周囲の勘違いが多いことが痛感される。すなわち、たとえ何かが老化したとうあるべきかの目標を持って、変化を悪循環させることなく、再調整する作業を行っていくことが必要と思われる。

このような高齢者に対する歩行動作課題においては、歩数を重ねることよりも、出し足に乗ること、出し足に乗る際に蹴り足の踵をしっかり高く上げること、足を漠然と前に出すのではなく、「上げた踵（円弧軌道で）前に出すこと」を意識して、「踵から着地すること」を課題とするとよい。歩幅は大きくなりすぎないようにする。もちろん、動作法を行う際には、靴を脱がせて補装具は外す。

杖については、日常生活動作の改善を視点に使用を認めることもあるが、使用させる場合には、上半身を前傾させながら歩行することなく、できるだけ杖には頼らずに自分の脚で踏みしめながら歩行することを課

題とする。

10 常同運動をする高齢者

認知症高齢者には、「延々と太腿やテーブルをタッピングする」のような常同運動を繰り返す人がいる。また、パーキンソン病の高齢者は、手や指などに振戦が見られる。前者と後者はまったく原因も様態も異なり、前者の場合は、タッピングをしている手指に着目する以前に、そのような行為が発生している心理的な背景をとらえる必要があり、後者はパーキンソン病の症状を止めるというだけのことであれば、アテトーゼ型の脳性麻痺と同様に、当該部位の随意性を高める動作課題を実施することで、常同運動や振戦は改善される。

11 骨密度への配慮

レントゲンを撮ると骨密度が低く骨が透き通ったように写る人がいる。女性は特に、中高年から骨粗鬆症になりがちであるが、男性であっても寝たきりなどで脚を使わなくなった人は、脚の骨密度が低下してもろくなる。骨や筋肉は負荷をかけて使用することで、その強度や柔軟性が維持されるため、日常生活で使用していない人に対しては、強度の低下を念頭に置くことが必要である。

しかしながら、動作法は、からだに対して正しい方向に、正しい使い方を、本人が自分でゆっくりと行う手法なので、骨密度の低下を心配して動作法を適用できない高齢者は存在しないし、動作法の実施についてもまったく問題はない。立位についても、転倒させない補助を行えば、地面をしっかりと踏みしめることは骨や筋肉の強度を高める効果があるので、むしろ積極的に行うべきである。

ただし、高齢者は痩せていてもけっこうな体重があり、身長もある。したがって、股関節や膝が曲がったまま伸びなくなっている寝たきり高齢者に対しては、脳性麻痺児・者に行う「膝立ち姿勢で股関節を伸ばして腰を前に移動させる」動作課題は、バランスが崩れた場合に関節で吸収できず、大腿骨に直接的なひねりが入る可能性があるので、筆者は行わないことにしている。

12 身体的理由を口にする高齢者

動作法の実施に際して、「椎間板がすり減っているから背中は伸びません。曲がっているのはしょうがないのです」「脊柱管狭窄症だから、触らないでください」「関節の軟骨がすり減っているから動かせません」「整形のお医者さんから半月板がほとんどない状態だと言われているのでできません」のように、整形外科的知識により動作ができないと言う高齢者がいる。「40肩の倍も生きている80肩ですから、腕は上がりません」と、おもしろいことを言う人もいる。

循環器疾患によるチアノーゼがある人に対しては、長時間の全身運動をさせない、てんかん発作がある人には転倒に気をつけるなどは、動作法の実施に限らず、対人援助を実施する際に、確認・配慮が必要である。しかし、椎間板や半月板うんぬんについては、それを理由に

本人が自分自身のからだを過保護にし、結果として動作能力を低下させていたり、姿勢の歪みを強めていることが多い。

したがって、そのような理由を口にする高齢者に対しては、援助者が深刻になると被援助者はよりおびえてしまうので、「ああ、なるほど」と軽く受け流す。そして、「動かさないと逆にどんどん悪くなります。痛みが出たらそこで止めていいですから、自分でゆっくりと動かしてみてください」とまずは自分で動かさせてみる。被援助者が「痛いです」と動きを止めたら、「そこで待っていてください。感じが変わってきますから」と受ける。しばらく待っても「変わらない」と言うならば、少しだけ戻させて痛みがないことを確認し、「さっきの位置にゆっくり戻してみましょう。さっきと違うでしょ」と働きかける。少々の痛みであれば、それを自分でとりながら動かさせていく。ある程度動かしたところで、「ずいぶん動きましたね。こんなに動かしたのは久しぶりじゃないですか？」と、そこまで動かしても大丈夫なことを二人で確認し、いったん最初の位置に戻して再びトライさせ、最初のセッションのような痛みはなくスムーズに動かせることを体験させる。

このように、動作法では、何らかの身体的理由があるのは事実であっても、動作可能であれば動作をさせ、自分を過保護にしない心的姿勢を作っていくことで、身体的にも心理的にも膠着しない状態を形成していく。

ほとんどの人が「あらー。やればできるんですね」「こんなにできるとは思ってもいませんでした」「ひょっとしたら、こっち（反対側の腕）ももっと動かせるかもしれません」「ちょっと見てください。これやってみますから」（立ち上がって走ろうとするので、焦らないでと制止する）、「すっかり肩凝りもとれました」（膝しかやっていないのに）のように、自信を取り戻すことが多い。しかし、気をよくして無茶をしないように、「ゆっくり」丁寧になじませていくことが大切です」と釘を刺さなければならないこともある。

● ● ●
● ● ●
13 脳卒中後遺症による肢体不自由高齢者 ● ●

脳血管障害後遺症により強い半身麻痺が生じると、麻痺側が動かせなくなるため、動かさないことによる（廃用性症候群としての）関節の拘縮や筋肉の萎縮が生じる。動作法は、もともと脳性麻痺などの中枢性の運動障害がある人たちへの動作訓練法として開発されてきた経緯があり、障害の程度や放置されてきた期間（拘縮・萎縮の程度）にもよるが、高齢者の中枢性の麻痺に対する動作改善を目的とする手法としても、きわめて有効である。脳性麻痺児・者とは異なり、健常者としてからだを動かしてきた人たちなので、きわめて短期間に回復する動作法著効例も多い。

親指に関しては、短い指であると勘違いしている人がいるが、それは第二関節までを親指であると思っているからであり、手首付近にある第三関節まで含めると、親指が手指のなかで一番長い指である。麻痺が生じると、親指は反るような形で小指側に入り込み、手のひらを横にすぼめたような形で固まってしまう。親指の指先が、人差し指と中指の間から飛び出す形で手を握りしめていることが多い（写真92）。強く握りしめていることにより、各指の第一関節（指

先に一番近い関節)が、通常とは逆に反って拘縮することも見られる。

手指に限らず、麻痺した部分は最低でも他動的に動かしてやることで固まってしまうことを防止できるが、自分で動作を再獲得しなければ、他動的な運動やストレッチングは焼け石に水であり、やがては拘縮・萎縮してしまう。麻痺した手指については、手首も反らしながら他動的に広げ、握ったり広げたりする動作を練習する。このとき、肘や肩、あるいは軀幹部（くかんぶ）の麻痺を放置したまま手指だけの動作を課題とすることは効果が薄く、基本的には「末端ではなく中心部から」を原則として、腕を伸ばしたり曲げたりする動作を再獲得することで、手指の麻痺は自然と軽減することが多い。

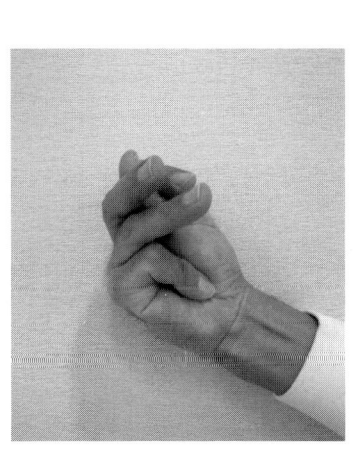

麻痺側を放置していた結果、肩関節に亜脱臼が生じている高齢者も多い。亜脱臼については、援助者は被援助者の肩関節上部と肘を支えて、上腕部を肩関節に押し込むようにしてはめて、他動的に肘を背中側にある程度持ち上げて、「はい。自分で腕を前に伸ばしてみましょう。いろいろと力み方を試してみましょう。伸ばそ

写真92　麻痺した手指

うと思うだけでいいですよ。せーの、はい！」と被援助者に自分で腕を前に伸ばす動作を求める。援助者は少しでも被援助者本人の動きが感じられたら、「それ！上手！」と他動的に腕を動かしたりする。最初は、たまたま腕を動かしたり、肘の最後のひと伸ばしを援助したりする程度であるが、「それ！今の！」と力が入らない場合は、「こんな感じ」と他動的に腕を動かしたり、肘の最後のひと伸ばしを援助したりする程度であるが、「それ！今の！」とフィードバックを繰り返すことで、「たまたま」が「しばしば」に変化していき、「この感じ」が獲得されていく。自分で腕を動かせるようになり、使うようになると、明確な段差を伴っていた亜脱臼は消失する。

このように、腕を動かせるようになると固く握りしめていた手指は何もしなくても開いてくるが、放置が長く固まっている場合には、他動的なストレッチングも併用して伸ばしてやる必要がある。膝や肘が曲がり、膝の裏や肘の裏の腱が縮んで水かきのようになってしまって伸ばせなくなっている寝たきり高齢者（他動的ストレッチングもしてもらえず放置されている高齢者）も多いが、腱の萎縮に関してはなかなか元には戻らないことから、そうなる前に動作の再獲得をさせる必要がある。

なお、立位については、正しい姿勢をとりながら麻痺側の脚で踏みしめる動作が必要であるが、このとき、しっかりした軸を作るという視点での働きかけが大切である。

脳血管障害後遺症による肢体不自由高齢者については、動作法の目的として動作改善の占める割合が増えるが、当然ながら、そのような困難な動作課題に取り組むことによる、主体の活動の仕方に変化を及ぼすこころのケアとしての動作法の意義も高い。

14 集団と個別の動作法

高齢者への動作法は、集団療法として行う場合と、マンツーマンで個別に行う場合がある。

集団では、会場を設定して近隣在住の高齢者に対してイベント的に開催したり、施設・病院のフロアで入所者・患者を対象に行うことが多い。この場合でも、基本的にはこころのケアというセラピーであり、参加者個別のアセスメントと終了後の個別カンファレンスは、不可欠である。

集団で行うことのメリットは、たくさんの対象者に、一度に動作法を実施できることはいうまでもないが、被援助者が気楽に参加できること、被援助者同士が組んで動作法を実施することもできて、ロールチェンジ体験をさせることができることなどがある。病院のフロアで行う場合は、医師・看護師のなど、他職種スタッフへの動作法のデモンストレーションともなる。

援助者は、集団動作法であってもマンツーマンで被援助者を担当することもあるし、1人の援助者が数人の被援助者につくこともある。複数担当の場合でも、援助者1人に対して被援助者4人（2組）まで

が原則となるが、介護予防の健康動作法の場合は被援助者同士にかなり任せられるので、6人（3組）程度まで担当可能である。

重度の要介護高齢者で、被援助者同士の動作法が不可能な場合は、2人が限度である。スタッフ数の都合でやむを得ず重度の要介護高齢者を3人担当すると、かなり厳しい。この場合は、被援助者をほったらかし状態にしないように、1人に動作法を実施しつつも他の被援助者に声をかけたり、見せつつ評価させたり、自分で課題を実施することをうながしたり、といった工夫が必要となる。

一方、相談室への来談者や、依頼を受けて高齢者の自宅に出向いて動作法を行う場合や、施設・病院などで個別に動作法を実施すること が適当と判断される場合には、動作法の個別実施となる。激しい暴力行為が出ているケースや、きわめて不安定な状況にある高齢者に対しては、施設・病院であっても個室（相談室、職員休憩室、借り切った娯楽室などのクローズド・スペース）に連れ出して、個別に動作法を実施する。

個別に動作法を行うことのメリットは、静かなクローズド・スペースで集中して行えること、被援助者の状態像に応じた動作課題の設定や切り替えを柔軟に行えること、状況に応じた実施日時、頻度、セッション時間（30分、40分という設定、あるいは早めに切り上げたり延長したり）の設定が比較的自由にできること、施設や病院の場合はフロアから連れ出すことで、日常生活から切り離すことができること、被援助者が自分だけにかまってくれているという気持ちを持てること、などがある。

実施頻度は、集団で実施する場合は、週1回から月1回という頻度

第2節　高齢者動作法の実際

高齢者動作法の実際として、新所沢清和病院の鈴木順子さん、川瀬里加子に寄稿していただいた事例2件と、日本社会事業大学岸野靖子さんに寄稿いただいた健康動作法の会の事例を掲載する。

新所沢清和病院は、460床の、医療保険適用の療養型病床と、介護保険適用の介護療養型医療施設から構成される、主として高齢者を対象とする複合診療科の病院である。ここは、LT（ライフ・セラピスト）室を1993年より独自設置し、現在8名のLTが勤務している先駆的病院（施設）である。

LTは、音楽療法、回想法、化粧療法、園芸療法、コラージュ療法、アロマテラピー、生け花、書道、手・足浴、紙芝居、その他入院している高齢者のQOLを高めるためのさまざまな活動を展開しており、そのなかに、筆者の指導する動作法と感ドラマ法も含まれる。

健康動作法の会は、日本社会事業大学の介護棟3階にある80畳の和室を会場にして、大学近隣在住で送り迎えの必要がない高齢者を対象に、毎年3月ごろに、週1回4～5週連続というかたちでイベント的に実施してる。

対象となる高齢者はほぼ健康な高齢者であるが、腰が痛い、膝が痛い、歩行が不安定になってきた、背中が曲がっているなど、何らかの身体的課題がある人がほとんどであり、まさにからだとこころの健康のため、という目的で参加している。過去10回（10年）皆勤の参加者もいる。年に1回のイベントであるがゆえに、「来年来たとき、先生に叱られないようにがんばります」と言って、1年間自分で動作課題に取り組んで、確認・評価にやってくる人も多いことから、月例会にしてほしいとの要望はあるが、年1回の形式は、これはこれで意味があると考えている。

が多いが、目的や実施現場の状況によっては、隔月1回あるいは年に1回（毎週1回5週連続のようなイベントを、年に1回）ということもある。個別実施の場合は、緊急性が高いケースが多いことから、少なくとも週に1回は実施することが通常である。依頼による高齢者宅への出前実施のケースでは、春夏秋冬の各季節に1回訪問というスタイルで実施することもある。いずれにせよ、実施頻度は、目的、対象、緊急性、実施体制などによって決まるものである。

悩み事相談のカウンセリングなどでは、費用がかかることもあり、クライエントは回復したと感じれば去っていくことも多い。しかし、高齢者に対して、特に施設・病院で動作法を実施する場合には、本人は無料であり、動作法をすることや援助者に会うことが楽しみとなることが多く、終結に工夫をすることも必要である。最初から、「5回やってみましょう」と回数を決めておくことも大切である。しかし、認知症の高齢者に回数を覚えておくことを期待するのは無理であり、情に流されるとエンドレスになる。

マンパワーに限りがある状況において、当初の目的を達して動作法実施の必要性が薄れた被援助者を引きずることは適当とはいえない。特に個別動作法の場合は、個別動作法を終結した後の参加の場（集団動作法や他の動作法などのアクティビティなど）を用意しておくことが必要である。

事例1 入院中のアルツハイマー型認知症の女性に臨床動作法を短期に導入する試み
――その効果と問題点の検証

(新所沢清和病院　川瀬里加子)

1 クライエント（以下、Clと略す）の概要

- 年齢——70歳代後半
- 性別——女性
- 病名——アルツハイマー型認知症
- HDS-R——0/30点（入院時）
- ADL——食事、歩行、排泄は自立（トイレの場所を覚えることが困難なため、誘導が必要）

2 筆者が介入するまでの経緯

Clは、（入院の）約2年前から認知症の症状が顕著になり、ショートステイを利用しながら、在宅にて夫の介護を受けていた。夫の入院を契機に、筆者の勤務する病院に入院となる。入院当初から、徘徊・放尿・放便あり。他患の部屋に入り布団や毛布を持っていってしまうこともあり、「汚い人」「あっちいけ」と言われるなど、攻撃の対象となっている。病棟内のレクリエイション活動には興味を示さず、集団で歌や体操をする活動時も、もぞもぞと服をいじって独り言をつぶやいている。自分から他者に話しかけることはほとんどなく、一人で過ごしていることが多い。

入院から約1カ月半後、Clにどのような対応が適切なのか、病棟でケアカンファレンスが実施され、筆者の所属するLT（ライフセラピスト）室員も参加し、対応が検討された。LTとしては、それまであまりかかわっているClではなかったが、心理的な援助の糸口を探し対応していくことに決まる。

3 問題

筆者は、いつも服をいじり落ち着きなく動き回ることについて、認知症ゆえの、いまどこにいるのか、周りにいる人が誰なのかも不明確な自己不確実感、不安感、不安定感によるものではないかと考えた。心理的に援助することで、より安定した自己を体験し、不安感の低減を図ることが、Cl本人の生活の改善や他患とのトラブルの解決につながっていくのではないかと考えた。

中等度より重い認知症患者は、悩みや「こうなりたい」「自分としては～したい」という思いを言語化することが難しく、言語のみの面接ではサポートしづらいことが多い。ましてや、見当識障害があり、どこにいるのかも不明確な状態では、落ち着くこともできず、セラピスト（以下、Thと略す）からの問いかけが耳に入らないことも多々ある。本事例も、日常生活の様子から、言葉だけでの面接は困難である

ことが予測された。

そのため本事例には、Clの今の体験様式を推測し、その時、その場で援助しながら、Clの体験様式の変化を促していくことを目的として、臨床動作法を実施することとした。

ただ、臨床動作法が適していると考えられる入院患者が多数いるため、短期での実施が望まれるという現場のニーズもあり、本事例は、5回を区切りといったん終結し、その効果と問題点を検証することを前提として、そのスタートを切った。

● 4 インテーク時の印象（様子） ●●

Thが、LTのプログラムの一つであるグループ動作法実施日に、メンバーとして誘う意図をもって病棟を訪れると、Clはそわそわと落ち着かない様子で、拭き掃除のような手つきで手を動かし、衣服をいじり続けている。背中を丸めたまま椅子に坐り、ぼんやりした視線で、ブツブツと何か言っている。Thからの話しかけには、ちぐはぐな返事をして会話が成り立たないが、「とりあえず行きましょう」と誘うと、何かしらは答えてくれる。動作法の話を簡単にし、自分の世界に入ってはいるが人懐っこい雰囲気があり、人とのかかわりをまったく拒否しているわけではないな、との印象を持った。

● 5 治療構造 ●●●

・時間——約40分間

・場所——サンルーム、デイルーム、和室など。一定ではない。

・形態——第1回目、2回目は、グループ動作法のメンバーとして参加。まずグループで集まり、動作法時はThとマンツーマンになり、最後にまたグループで集まり感想を述べあう。第3回目からは、個別にて実施。

●● 6 動作課題 ●●

肩甲骨（けんこうこつ）の回し上げ下げ動作課題、坐位・立位での軸作り動作課題、踏みしめ動作課題、腕挙げ動作課題、など。

●● 7 期間と回数 ●●●

初回から2週間後に、第2回目を実施。約3ヵ月の期間が空き、再スタート。1〜2週間に1回のペースで3回実施。全5回。

●●● 8 経過 ●●

（以下、Clの言葉を『　』、Thの言葉を「　」で括り示す）

（1）第1回目

グループ動作法に初参加。Cl自身が、少しでも自分のからだでうまく動かせない部分があることに気づいてもらうことが、初回のねらいとなる。Thとしては、動作課題に取り組むなかでの動作体験様式を把握し、

どのような働きかけが日常の生活体験様式の変化につながるかを探ることを、自らの課題とした。

a　肩胛骨回し上げ下げ動作課題

椅子坐位にて実施。「肩を上げてみましょう」と声をかけるが、ぼんやりとした表情のままで反応はない。軽くThの手をClの肩に添えて動かす方向を示してみせるが、Clからの動きはない。次に、先ほどよりはやや強めに、動かす方向を示しながらThが肩を動かし、「こっちに動かしてほしいのです」と伝える。なかなかからだに注意が向かないが、Thが触れることに拒否はない。この動きを数回繰り返し、「せーの」と声かけすると、初めて自分で動かす力が入る。その動きは、頭を動かしている肩側に傾け、肘を曲げたまま、勢いよく肩を上げようとする動きではあるが、初めてのClからの反応に、「それです。それ！」と声をかける。肩を上げる動きが止まったところで、「ここから上げづらいですね。なんか詰まったような感じがするのがわかりますか？」に、『わかりますよ』とさらっと答える。実感は薄めな印象だが、会話が成り立っていることに気づく。

次に、Thが肩を支持し、Clは腕に入った余分な力みを抜き、そこからさらに肩を上げる動きを課題とする。Thの声かけに応じてすっと力を入れてくることはないが、自分で動かすことが増えてくる。頭や肘に入る力も、指摘すると少し抜くことができる。

肩を下ろす動きは速くなりがちなので、「ゆっくり、ゆっくり」と声かけしながら援助するが、やはり速くなってしまう。「左のほうが上げづらいですね」に、『そうねぇ』と、これにはピンとくる様子を見せる。

課題となる動きをはっきりと示さないと、気がそれてしまいがち。よくわからない感じになると、ふっと考えるのをやめるかのように、目をそらしぼんやりした顔に戻ってしまう。からだの感じに注意が向く時間は短い。

b　立位での踏みしめによる軸作り動作課題

尻を後ろにひき、足裏踵寄りを踏みしめながら立っているので、タテに踏みしめる感じをはっきりと体験することを目的に、「もう少しだけ、前のほうで立ってみましょうか」と、腰（骨盤部位）をThが援助しながら少し足指寄りの前方向へ重心移動する。すると、「こわい！」「倒れる！」と、上体を前屈してさらに尻をひいてしまい、緊張した表情になる。あまりに姿勢が崩れたので一度着席し、踵を動かす課題を実施する。

再び立つと、Clにも立ちやすくなったことが実感できた様子。再び前で踏むように援助すると、大きく姿勢が崩れることなく、その動きについてくることができる。左前、右前と左右分けて踏むように、『そうだねぇ』とからだの感じを探っている表情を見せる。なお、そわそわとした落ち着きのなさは、立位では見られなかった。

c　第1回目の終了時

最後に、再び輪になり、グループ動作法参加者で感想を述べ合う場面になると、メンバーの話に注意が向かず、司会がClに話しかけて

第4章 高齢者への適用

も、ブツブツ言うのみで答えることはない。帰室時、Thが「今日はどうでしたか？」と問うと、『楽しかった』と答える。

d　見立てと今後の方針

Thからの働きかけに初めはなかなか注意が向かず、自分のからだにも注意が向かず、自体感が弱まっている体験様式で日常生活を送っていることが予測された。課題と課題の合間にすぐに自分の世界に戻ってしまい、そわそわ動きだすことも多く、少しからだの感じを味わって集中した表情を見せても、短い時間でまた元に戻ってしまった。

しかし、動作を媒介としてThが働きかけたことに対しては、いつもよりも的確に返答した。病棟のなかでスタッフが理解しているClのコミュニケーション能力よりも、高いレベルでのコミュニケーションが可能なのではないか、との見立てを持った。人懐っこさもあり、自分の世界に入りがちではあるが、人とのかかわりは求めていると感じた。

動作法のなかで、からだを意図して動かしていくこと、そのときのからだの感じに細かく注意を払っていくという体験をすることは、Clの生活体験をより安定したものにすることにつながっていくと考えた。特に、軸作り動作課題は、「しっかりとここにいる」体験となり、現実検討力が弱まっているClの自己確実感・安定感といった体験様式を体得していくことにつながっていくと考え、積極的に実施していくこととした。

（2）第2回目

グループ臨床動作法に参加。Thを覚えている様子ではないが、誘いにはスムーズに移動。椅子坐位での腕上げ動

作課題後、軸づくり動作課題を実施。

a　椅子坐位での軸作り動作課題

腰（骨盤部位）を動かしながら前屈していくように指示すると、上体だけを動かしてくる。腰（骨盤部位）は動かないように指示しながらも指示どおりに動きだしてくれるなと思いつつ、「ここも一緒に動かしましょう」とThが補助しながら動きを示すが、緊張が強くなかなか動きが出ない。しかし、Clの動かそうという努力は伝わってくる。「固いですねぇ」に、『そうだねぇ』。動かないことに驚いているわけではないが、動かなさを感じているよう。

上体を起こすときに腰（骨盤部位）を後ろに倒さないように補助し、体軸がタテになったところで、Cl自らがタテで踏みしめる方向に力を入れるように、腰（骨盤部位）に当てたThの手で尻で踏みしめる力をかけ、「ここでぎゅっと踏んでくださいね」「手を離しても倒れないように、自分で力を入れてくださいね」と声をかける。はじめはまったく力が入らないが、だんだんと少しではあるが自分で力を入れてくる。集中した表情で課題に取り組んでいる。「すごいですね」に笑顔を見せる。

b　立位での踏みしめによる軸作り動作課題

尻が引け気味ではあるが、前回よりは前屈せずに、Thの指示に合わせて自分で前に踏んでくる動きが出てくる。目に力が入り、真剣な表情を見せる。片脚を後ろにひこうとしてしまい、小幅に脚が出ないと言うと、尻を後ろにひこうとしてしまい、小幅に脚が出ない。やっとの思いで床をするように、小幅に脚が出てくる。「反対の脚を一歩出しましょう」と言うと、『難しい』と言いつつも大きく一歩脚を出す。腰（骨盤部位）をThがしっかりと支持して「大きく出してみましょう」と言うと、『あっそう？』と言い、スムーズに移動。椅子坐位での腕上げ動

c 第2回目の終了時

最後に、グループで集まる場面で、司会より、今日やった課題を何か披露してください。と促され、椅子坐位での軸作りを自分でやってみせる。拍手されると「お恥ずかしい」と笑う。

d 見立てと今後の方針

前回よりも、からだに気持ちが向きやすく、動きをモニターしながら動きづらさや左右差など、細かいからだの感じが増してきたようである。Thからの働きかけに対する応答もスムーズとなり、自分だけの世界にいるのではなく、現実的なやりとりができるようになってきている。坐って首を前後左右に弛める動作課題も実施したが、これは眠くなりがちであった。軸作り動作課題のほうが、集中しやすいようである。周囲から褒められ、笑顔を見せる場面もあった。

(3) 第2回目から再スタート(第3回目)までの3カ月間の、経過・個別で再開した流れについて

グループ動作法は対象者が多く、Thが同じ対象者に継続してかかわることが難しいという問題もあり、終結したわけではなかったが、現実的には実施期間が空いてしまう。動作体験をより明確にし、日常生活の体験様式の変化を促進していきたいと思いつつも、なかなか実施できないまま時間が過ぎてしまった。

前回のカンファレンスより3カ月後に、経過カンファレンスが病棟にて実施された。LTより動作法での経過が報告されると、Clの普段とは違った反応に関心が集まり、今後も継続してほしいとの要望があ

り、グループではなく個別ケースとして実施することとなる。日常生活では、動作法実施中に見られるような集中や、やりとりの工夫により放尿・放便は改善しつつあるが、徘徊や独語、周囲への関心のなさ、自分の世界に入り込む生活はあまり変わっておらず、そのケアの生活体験様式の変化を促すかかわりが必要とされる。

(4) 第3回目

デイルームで個別にて動作法を実施。病棟で動作法に誘うと、『おっ父さんが来る』『食事が〜』と言ってキョロキョロし、服をずっといじっている。「おやつまでには必ず戻りますよ」と言いつつ、Clの坐っている椅子の向きを変えて立つように促すと立ち上がる。

a 椅子坐位での腕上げ動作課題

目の前でThが両腕を上げてみると、肘を曲げて上げてくる。「肘を伸ばして上げましょうか」の指示は、言葉だけでは入らず。手を添えると、肘の力を少し抜くことができる。左右差を指摘し「わかりますか?」と問うと、『なんだかわかんないわ』。

b 椅子坐位での軸作り動作課題

前屈するとき、腰(骨盤部位)から動かしていくよう援助する。「せーの」で自ら動かす場面あり。止まったところで、「もう少しいけますか?」の声がけで、動かしてくる。からだをタテにすることで、「ここを後ろに倒さないように」と言いつつ腰(骨盤部位)の支持を外すと、力が抜けてしまう。「ここの力を入れましょう」に、『誰

第4章 高齢者への適用

にでもできる』と言うものの、なかなか力が入らず。

c 立位での踏みしめによる軸作り動作課題

立位姿勢をとると、右尻を後ろにひいて踵で踏んで立っている。その尻を前に出すよう援助すると、拒否して尻をひいてしまう。左右の動きが固くなっているので、腰を横に大きく動かすように援助する。「ちょっと腰を横に動かしてみましょうか」に、『そんなことやらない』。Thが腰（骨盤部位）を支持して横の動きを示しながら「ここが固いですねぇ」と言うと、じっと味わっている様子であった。

d 第3回目の終了時

終了後、デイルームにあるピアノを筆者が演奏し、聴いてもらおうとしたが、ズボンやソファの留め具をいじっているのみで、演奏にはまったく興味を示さなかった。

病棟に戻り、さよならの挨拶をして立ち去ったThが、廊下で他の患者から話しかけられて会話をしていると、椅子から立ち上がり近寄ってきて『その人の話は聞いてもしょうがない』と言う。

e 見立てと今後の方針

再び自体感が弱まっている印象。動作課題の動きがClにとって困難になることも、初めてのことであった。これまで自分からスタッフに話しかけることはほとんどないだけに、能動的にかかわる力が出てきたと受け止めた。

少し離れた距離にいたのにもかかわらず、ClからThに近寄り話しかけるようになった。動作課題に対する反応はあり、やりとりは成立することを感じた。動作課題に取り組むなかで、からだに気持ちを及ぼし、主動の動きが出てくる場面も見られた。今後は、より丁寧にからだの感じに注意を向けていくよう働きかけていくことが、必要だと感じた。

（5）第4回目

和室にて実施。動作法前の簡単な会話は耳に入らない様子で、関心を示さない。初めての和室なので、仰臥位での動作課題を試みようと思い、「横になりましょう」と促すが、脚を伸ばして座るだけで横になるのは嫌がる。不安感が強いと感じ、まずはゆったりと身を任せる体験をすることを目的に、そのまま寄りかかり動作課題に導入する。

a 寄りかかり動作課題

壁を背にしてThがClの後ろの位置に脚を広げて坐り、「寄りかかってください。だらーん」と言いつつ、Clの上体と自分の上体をくっつけて少し引き寄せながら倒れてくるのを待つと、少しずつ倒れてくる。肩や胸周りは強い緊張が入っているため、反らす方向に動かしたり、力を抜いたりする課題を実施。

それそわする落ち着きのない動きがはじめはあるが、途中からなくなり、力を抜いて寄りかかることができる。

b 長坐位での軸作り動作課題

動きをThが示してから、「前に曲げていきましょう」と声かけをすると、自分で曲げてくる動きあり。右前に前屈していくのが特にきつそうなので、「こっちのほうがきついですね」と言うと、「そうかもしれないね」。「どこか痛い？」に返答はないが膝の裏側を触っているのははじめはからだに気持ちを向けるのが難しいようではあったが、働

で、「ここ?」と触りつつ尋ねると、『そう』と言う。

c　立位での踏みしめによる軸作り動作課題

踏みづらい右脚前で踏むように援助すると、すぐに左脚を出して両足幅を広げてしまう。怖がっている。右脚でしっかりと踏むように、他の動きをThが止めてタテに踏みしめる援助をすると、真剣な表情で踏む感じやタテの感じを味わっている。

d　第4回目の終了時

病棟から和室まで移動するとき、歩きながら廊下に飾ってある写真をThが指さしてもまったく関心を示さなかったが、動作法後の帰り道では、優しい表情で動物の写真を眺めている。「かわいいですね」に、『ほんとね』と感情のこもった口調で話す。

(6) 第5回目

a　腕上げ動作課題

指示したわけではないが、自分から仰臥位(ぎょうがい)になるので、はじめは動きがないがThが動かしながら方向を示しつつ、すすっと、途切れ途切れ自分で上げてくる。動きがにぶくなったところで、「ここ動かしづらいですね」に、『わかるよ』と言いつつ集中した表情。「肩の力を抜きましょう」に考えている。すっと力が抜けると腕が畳につく。「すごい! できましたね。自分でやったんですよ」に、きょとんとして

いるがすっきりした良い表情。スピードをつけて上げてしまうことが多いので、「ゆっくりですよー」と声をかける。すぐにはゆっくり動かせないが、繰り返しているとゆっくりとした動きに変化していった。

b　立位での踏みしめによる軸作り動作課題

左右の踏みしめでは、自分から動いてくる動きがある。「それですよ、それ」の声かけに、ぐっと自分で動かしてくる。積極的に課題に取り組んでいることが伝わってくる。

股関節と膝の緊張が強くつっぱりがちなので、少ししゃがみながら股と膝をしっかり折って、その後、伸ばしながらタテに踏みしめていく動作課題を実施。自分ではなかなか折れないので、伸ばすときにThが股関節を示しながら実施。自分で折るのは難しいが、伸ばすときに自分で踏むタテの力が出てくる。

c　第5回目の終了時

帰りに動物の写真を見ながら「かわいいですねえ」と言うと、『ねこちゃん』と笑いながら写真を眺めている。別れ際に握手をすると、柔らかい笑顔を見せてくれる。

d　日常生活場面の様子

日常生活では、音楽療法に参加したとき、歌うわけではないが最後まで坐っているようになり、前よりも食事場面で椅子に坐ることが増えたという変化が見られた。

自分の部屋がわからずに、他患の部屋のポータブルトイレに排尿してしまうトラブルとなったこともあるが、大きな問題にはならずに比較的穏やかに暮らしているとのこと。

9 考察

(1) 体験様式の変化のプロセス

第1回目では、なかなか自分のからだに気持ちが及ばず、自体感の低下が顕著であった。動作を介した働きかけも、かなり明確に動かす部位や動かす方向を示さなければ、注意が向かなかった。言葉だけの働きかけはClに届かず、脈絡のない発言を繰り返すのみで、その様子は、日常生活で集団のなかで一人徘徊し、不安げに動き続けることが多いClの姿と重なった。動作体験と同様の体験様式で生活していることが、推察された。

動作法中、よくわからないとスッと考えるのをやめて、表情をこわばらせ、注意をそらす場面もあった。日常生活でも、自分が覚えていないこと、理解できないことを質問されると、硬い表情で目をそらし、自分の世界に入ることが多い。認知症により現実検討力、記憶力が低下し、日々わからないことが増えていくなかで、そのような体験様式をとっているものと思われた。

現実感を持って、存在感を持って、安心して生活してほしい。そのために必要な動作体験は何なのか、自問しながらのスタートであった。動作法の過程のなかで、からだの感じをじっくりと味わい、動かす様式に変化するようになると、主体的に力を抜き、動かす、動かなさを実感していった。それに伴い自体感が増し、表情も良くなり、的確にThからの声かけに応えることが増えていった。第1回目では、「怖い」と言いつつも立位での踏みしめにチャレ

ンジし、第2回目では、「難しい」と言いつつも立位で一歩出しを行う場面もあり、「怖いけどやってみる」「難しいけどやってみる」という体験様式に変化していった。

第2回目では、終了後の振りかえりのなかで、司会の発言を受けてグループの他のメンバーに自分の課題動作を披露するなど、これまでとは違うClの姿が見られた。「自分はやれる」という実感を伴った体験がなされていたのだろう。

期間が空いたことで、第3回目ではいったん元の体験様式に戻り気味ではあったが、すべてゼロに戻ったわけではなく、第4回目、第5回目では再び自体感が増し、集中して課題に取り組みながら自分の動きをコントロールしようという、主体的な自体への働きかけが見られた。

特に立位での軸作り動作課題で、集中せざるを得ない状況のなかで、現実検討しながら自らをタテにし踏みしめる体験をしたことは、存在感・安定感の獲得につながっていったのではないだろうか。自らが安定すると、第4回目、第5回目で見られた動物写真への興味のように、外界の認知の仕方も変わり、いろいろな刺激に気持ちが向くようになるものと思われる。

(2) 生活体験様式の変化について

日常生活場面とのつながりを検証すると、日常生活での体験様式の変化がやや不明確になっている。以前ほどトラブルはなく、椅子に坐っている時間が増えてはいるが、衣服をいじり、自分の世界にいることは、依然として多いようである。前よりも、声かけにスムーズに応

えることは増えているということはできるが、病棟スタッフは、「大きく変わった」とは受け止めていないようだ。

自分の世界に入りがちなことは、集団生活のなかでのClなりの対処の仕方であると受け止めることもできる。病棟での生活は、人とのかかわりが希薄になりやすい。動作法でのかかわりは、からだを介するため無視しがたいものであり、その人にしっかりとかかわる方法なので、Clにとっても受け止めやすい働きかけであり、そのなかでコミュニケーション能力を発揮することもできる。しかし、集団に対する働きかけ、あるいはあまり明確でない働きかけでは、Clに届きにくいのではないだろうか。

今回、動作法でのClの様子を病棟スタッフに伝えると、「そんなことができる人なんですね」と驚かれることが多かった。「他のプログラムよりも、ぜひ動作法を継続してほしい」との要望を受け、実施してきた。Thが得たClの情報を病棟にフィードバックし、その後のケアに役立てることが、チームケアの一員として重要だと改めて実感した。そのような工夫をしながら、Clの生活の場を、Clにとってより力を発揮しやすい安心できる場にしていく必要があると思われる。

（3）短期間のセッションの効果と問題点の検証

本ケースは、5回で終結するという前提があってのスタートだった。

これまで個別ケースは、期間を決めずに実施し、導入の主目標である症状が改善し、日常生活が落ち着いてから、終結することが多かった。しかし、いつも終結の難しさを感じていた。高齢者を中心とした

入院施設であり、入院期間が長い人が多く、自分から終結を申し出ることはほとんどいない。認知症患者の場合は「問題解決で終了」ということはなく、その症状や状況に合わせてサポートを続けていく必要がある。必要なときに短期に介入し、そこでできるだけ効果を出し、不十分な部分はあるだろうが終結し、得た情報をチームケアに生かしていく、という視点でのかかわりも必要だと感じている。

本事例をふりかえると、動作法でのかかわりは直接体験様式に働きかけるものなので、比較的短期に変化を引き出すことができたと感じている。短期間で展開するところは、動作法の大きな特徴であるといえるのではないだろうか。

（4）認知症患者への臨床動作法

臨床動作法は、認知機能の低下に伴い生きづらくなる高齢者のさまざまな問題に、直接働きかけることができる有用な技法である。認知症そのものを治すことはできないが、それゆえに生じている不安感、不安定感、現実検討力の低下等々の症状には、おおいに効果が見られるものと思われる。

できないこと、わからないことが増えていく認知症患者にとって、自分でできた体験、それを他者から認められる体験は自信となる。本事例でも、「できた」と思えたときのClの笑顔は、いつもの表情とはまったく違っていた。動作課題の細かいプロセスのなかで、「できた」体験をすることができ、その時、その場でClにフィードバックできることも、動作法の良さであると思う。

いくつになっても、たとえ認知症になっても、「自分で今まででき

なかった〇〇ができる」「成長していける」と実感できることは、喜びであり、人を支えるものだなと感じた。

今後は、より日常の生活体験様式の変化を引き出すかかわり方を検討していくことを自らの課題とし、高齢者の心理的な援助としての臨床動作法の実践に、取り組んでいきたい。

事例2 高齢者動作法の記録の仕方の紹介
——Yさんの事例を通して

(新所沢清和病院 鈴木順子)

1 はじめに

当院では、入院高齢者のための精神療法の一つとして、心理療法である動作法を適用している。療養生活での心身両面の健康維持と増進のために、動作法活動を続けてきた。入院による生活の変化は、身体機能の低下による生活体験空間の狭まりに伴い、生活への行動意欲を減らし、消極的、受身的なものにしていく。疾病加療中の高齢者には共通の強い不安感があり、身体機能低下とともに、程度の差はあるものの、認知機能の低下が見受けられるのが一般である。

LT室は、十数年前に置かれた当院独自のリハビリセクションで、現在、美術・心理・福祉出身の8名のLTスタッフで構成されている。心理療法や生活療法の指示を主に行い、病院全体のレクリエーションの核になったり、精神療法の指示を受けたり、他のリハビリセクションのスタッフと共同活動を行うことも多い。

動作法は、心身に働きかけ、前向きな志向を出現させ、増やしていける有効な療法であると考えられ、現在では入院者への適用も増えてきた。動作法を導入し、当院で中島先生から動作法指導を定期的にいただけるようになった、約10年前当初のごく少数者への適用から、次第に先生の来院日以外にも動作法活動を行う日が増え、現在は病院全館に拡がってきた。

それに伴って、初めのころは主治医や病棟担当者への報告に留まっていた施行記録とその活用は、広がりを見せている。ケースカンファレンスの定着も手伝って、各部署でさらなる情報の共有を図るため、また療法効果の確認をより進めていくため、施行記録の工夫が求められる。検討を重ねてきた現場の記録方法を、一事例を通して紹介したい。

2 事例

・Yさん（87歳）
・主病名——AD（アルツハイマー型認知症）、腰椎変形症
・ADL——摂食、歩行、着脱衣など、総じて自立しているが、歩行の際に左肩を下げて歩くため、角を曲がるときなどに左肩が壁にぶつかっている。

動作法適用の対象となった経過は、病棟ケースカンファレンスで、緊張感が強く引きこもりがちで、グループへの参加を断りがちなYさんに働きかける療法として、主治医と看護部から提案された。

以下に、動作法の施行経過の記録を、ケースプロフィール（表①）と、経過表（表②）で紹介する。

表① ケースプロフィール

対象	氏名	Yさん	年齢	87歳	性別	女性	入院	0X年
状況	診断名	\<td colspan="7"\>アルツハイマー型認知症　腰椎変形症　慢性胃炎
	主訴	傾かないでまっすぐに歩きたい。以前のように、もう少し背丈が高くなりたい。
	経過	70歳まで歯科助手をしていた。主に、カルテ計算を仕事にしていたが計算誤りが出たり、文字が書けなくなり、それは約10年で徐々に進行していった。 　精神科を受診して投薬をうけるが、急速にADLの低下をみたこともあり、現在はADLの落ちを警戒して、向精神薬の投与はなしの方針でADLの維持に努めている。
背景	生育歴と背景	T県出身 　同胞はなく、一人娘として、大事に育てられた。 　軍医の父について外地に行く。外地で、戦中に結婚し挙子2人もうける。 　戦後、内地に開業した父の歯科医院で准看護師として、また請求業務の核として働く。その後、関東に移った父の歯科医院をレセプト業務を中心に引き続き手伝う。父没後、長男が結婚し開業した歯科医院と共に、父の残した歯科医院を70歳頃まで手伝っていた。 　面会には、長女が主に、時々長男嫁と孫が来院する。現在長男が自身の歯科医院と、祖父の歯科医院を維持する。
生活課題		こだわりの減少、なじみの増加、表情の増加、笑顔の増加、緊張の緩和
見立て		日常生活の不安の強さが体の動きや姿勢を硬く窮屈にし、強い右傾傾向を常に示している。 　加齢によるADLの低下はまぬがれないところではあり、身体状況の自然な衰えは衰えとして受け入れ、本来の知的好奇心の強さや、品格、豊かな情緒や、周りへの関心をできる限り保持し、からだの軸の確立改善をはかる。立位や坐位での踏みしめや、姿勢をより良くしていく援助、実体験を増やす援助を動作法を使って行う。 　上記の生活上の課題を眼目に、動作法の時間をなじみのものにしていく。 　日常生活動作に活かす方向に援助していく。

（動作法の経過は別表）

考察	援助のやり方を変えずに繰り返し、動作法の時間をなじみのものにしていくことにより実感を伴った動作体験を増やし、その体験を実生活に反映させることができると考える。 　動作法の時間、他との共同作業を繰り返していくことで、他との繋がりを日常生活でも保持し、Yさんがより主体的に体験の変化を求められるようになる援助をしていく。 　療法で得られた実感と主体性は、不安の軽減や対人感の緊張緩和に繋がっていき、心豊かに暮らしていく一助となると考える。 　踏みしめ（坐位、立位）軸作り（坐位、立位）の動作法課題を今後も続けていきたい。
	記銘の言語確認では、落ちが確認されるが、動作法での気づきや努力の方向が、よく教示で再生される動作の蓄積は多く《からだが覚えている》と考えられる。

（1）動作法導入の初期

自由参加のかたちで声かけに応じる参加者が集合し、病棟ホールで数人から十数人の輪になって司会者を中心に始める病棟オープン・グループ（集団動作法）への参加に加え、数人の被援助者を集め、それぞれスタッフが個別ケアで課題に向き合うことを促し援助していくクローズド・グループ（個別動作法）へも、Yさんの参加を増やしていった。参加回数が増えるにしたがい、ゆっくりではあるが心の動きに変化が見られるようになった。

（2）動作法導入後の経過

動作法への参加を重ねていくにつれ、Yさんにはからだやこころの変化とともに、日常生活や認知レベルの変化が見られた。表②は、それらの特徴に合わせ、Ⅰ、Ⅱ、Ⅲの三期に分けて、記録をまとめたものである。

表③-1および表③-2は、施行記録の参考例であり、動作法実施後に記録し、その直後に行う振り返りミーティング資料にも用いる、個人記録である。

心の状況における変化のポイントは、日常硬い表情や無表情のときが多く、不安や緊張の高い様子だったYさんに、Ⅱ期のころから動作法後には笑顔も出て、「気持ちが軽く清々しくなりました」など明るい表情が見られ、日常生活でも他の生活療法への参加が増えた点である。からだの状況変化は、Ⅱ期には、動作法参加後では背を伸ばし、「私、背が伸びました」と言ったり、軸がしっかりし、動作法後帰室時のスタッフの支える手にかかってくる重さが、参加前よりもぐっと軽くなることなどが目立った。

（3）Ⅲ期以降の様子

Ⅲ期には、日常生活のなかの認知レベルが低下して、どんどん不安が強まっている一方、動作法の動きにはなじみが増え、心が安定し、ほっとした様子が見られる。

Ⅲ期以降には、日常生活のなかに動作法の感覚を取り入れていきやすいように、デイホールでは、いつも定位置に座るYさんの場所で、愛用の椅子での動作法援助を試みている。

特に座る・立つの動きの際に、テーブルに向かって斜めに座ろうとしがちだったYさんに、なじみの椅子でテーブルで繰り返し踏みしめ動作を行った。また椅子からずれずに立ち、テーブルに左右均等に手をつき、十分深く前かがみになってから座ったり立ったりすることを教示し、何度も促した。

その結果、日常、また特に動作法のための椅子への腰移動に、大きな変化が見られるようになった。今は、声をかけると教示に合わせゆっくり適切に動けるようである。

（4）動作法で使用するスケール

記銘力が落ち、言葉では「忘れてしまいました。できるでしょうか」と繰り返すのに、動作法を始めると、教示に先立ち動作がスムーズに出たりする。からだが覚えているのである。

125　第4章　高齢者への適用

表 (2) 経過表

経過	声掛け時の様子	動作法への導入の様子	VASおよびFaceスケール	うたの参加	回数	課題動作	援助	動作法中の行動の様子や表情	日常生活の様子	HDS-R
第Ⅰ期 X年12月～ X+1年2月	自宅のベッドにいるところに声掛けにくるタップがいく。「いろいろなさる」と何というか困らない風にしていただけるが「何をいうたのやら」と表情が大変硬い。	スタッフからの強い声掛けが始まることが必要。離床までの時間が説明示がにくい。寝顔を見ると、寝返りを見せ出しているが身体が動いていないようと言う。それでも「健康動作法でしょ」とお風呂などと言うとできるとでとらえられる。「今日は何ですか」と断る。	言語表現は難しいが、うなずきな笑顔つなど。	テーブルの歌に応えるスタッフに歌を頼んでいる（置コーナーで）座位のゆがみや右傾きの姿勢を矯正する。	個別で計3回	他の参加者と接する下段の階段でもらえるように手や背を預ける。実際で背を預けて探してもらい、楽な姿勢で保つ。手すりのバーを使って自発的な動きを促す。困難な時に手や肩に合わせて、時には強く支援する。	これでは気づきにくっとで木や自己管理が困難となり、植木鉢が自宅から撤去される日めくりを一枚ずつ「自分でめくってます」と日めくりのページを自発的にめくる姿勢が固くなくでも、表情が硬く、気難しいことが多い。	20:30 (X-1年12月) 16:30 X+1年3月
第Ⅱ期 X+1年3月～ X+1年5月	部屋に声掛けに行くと、声掛けからしばらく時間がかかることがある。タップの座を見たり、笑顔をみせたり、着替えたり、ベッド下やその上の品や、横になる作業をしたり、それでも他の作業をしたりすることも。本人と話しているときには、ベッドの上の布団をたたみなおしたり、重ねたりすることもある。	指差しも良い悪いにわかれて、しまっていると言っていた言葉が、逆転してしまうことがある。終了時にはない分は良い」と気分をよいと言う。	「うたに応えていますが、今日は個別で計3回」	グループで計3回個別で計4回	スタッフや他参加者に身を預ける動作。（座位、立位）踏みしめる。立位からの身体の幅ひねり。腰をかばうようにして立ち姿勢から右傾きを正す。	下段の手すりに手を掛け、前かがみになって姿勢が悪く（なりますよね）と軽く肩と腰に手を当てる援助の際には、腰と肩に強く押し当てて姿勢を正す。自力では姿勢を正すのは困難だが、手を添えられた力で方向に努力できる。座位のゆがみには、坐った状態で真ん中に整え座る。	（下の段の手すりに効くのですよね）と問いかけ、本や自己管理が困難となり、植木鉢が自宅から撤去される棚に置いてある本や日めくりに関心が戻る様子がられ、自発的に棚に近づき手にとる「カレンダーもめくれて無いっ」と言う指摘すると納得する。部屋のベッド周りや、整えられたに片付けに出るの自発の動作が増え、笑顔が増える時がある。	13:30 X+1年5月
第Ⅲ期 X+1年6月～ X+1年8月	ベッドまで声掛けに向かっていることは多いが、声掛けは少なくしてホールで待っていることもある。	他の参加者への声掛けを聞き、身支度をし、ベッドの上に腰掛けてタップの到着を待っている様子が見られる。「健康動作法ですね」「行きます」と笑顔で応じる。「とってもいい気持ちになりた」「これはいいものだ」と自分から言うこともある。	表現と指差しがやせずフェーススケールで、参加者自らのにノーラぎよりとでにもスムーズ始時間と終丁寧に時間を目止めるりと眠の姿勢に。	歌に合わせて計4回個別で計4回	グループで計4回個別で計4回	踏みしめ、（坐位、立位）立位、坐位の動作。《背文》を伸ばす。	手すりのバーを使用して心肩で腰を掛けて坐る踏みしめる位置をよう、トントンと自発的に動かれる。援助で心をのしたり軽くし、声掛けで「背が伸びてますね」「足踏みをしっかり」と伝えて自分の姿勢を確認しながらも笑顔で手すりを持ち、足踏み、踏みしめ、坐位の際は、踏み台を使用する。	棚の物品を覚えなくなっていることもあるが、棚に置いてある本や日めくりに関心のない様子が見られ、ベッド下に置かれた「めくるのも無い」と言うことの指摘するとした棚が少しは気になる時もあり、部屋のベッド周りや、整えられたに片付けに出るの自発が増え、笑顔が増える時がある。自発的なコミュニケーションの際、対話が自然に増え、主体的に取れることが増える。	19:30 X+1年7月

表③-1　Ⅲ期のYさんのある日の動作法記録（表面）

A・B・Ⓓ棟

年7月12日	氏名　Yさん	場所　6Fサンルーム	記載者　鈴木
表面化している行動上の問題点 自室への表示を工夫してあっても迷う。		**最近の様子** ベッドの周りには紙くずが散っていて、左足のソックスを脱いでいることが多い。	
背景として考えられる心理的課題 認知レベルの日常生活での低下から「わからない」ことが多く不安が増している。		**今回の動作法での主たるテーマ** 昨日のオープングループでの課題、足（足指を含め）の動きをしなやかにを個別に。	

	動作法課題と取り組み具合	その時の心理的側面
動作法セッション	○声かけに「はい、行くんでしょ」とベッドから起きて、靴をはく。左右間違え、援助する。 ○導入の歌〈富士の山〉をヒント（高い山）で思い出している。 ○椅子座位で手のグーパーをゆっくり、ウォーミングアップに行う。 ○ステップ台を使い、いつものつま先、かかとの上下をする。次第に変化が見られる。できるしわの増えていくのがわかる。 　　　　できるしわの増えて 　　　　いくのがわかる 　　　　　　　　　しわ ○足指を使ったグー、パー3回 ○椅子に座るときの体の使い方 踏みしめ　　前かがみ　　←後ろへ 　①　　　　　②　　　　　③	積極的な感じ 指摘すると「いつものな」と笑う。 窓外に見える富士山をながめ「白くて、ああきれい」と言う。 自発的に何度もくり返している。ゆっくりやれる。 自分でも「折り目が良くわかります」と変化に気づきが見える。 曲りぎみの指を気にせず数回、自分でもやってみせて笑顔。

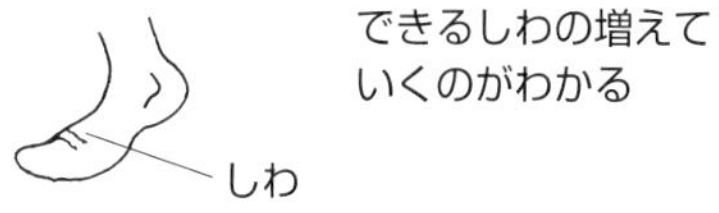

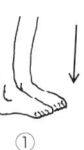

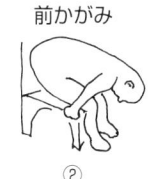

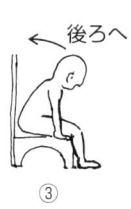

今回の総括・今後の課題
○各動きが一つ一つなじみの感じになっている。「ここに来て、やりはじめると、あーそうだったと順に思い出されてくるんです」と言う。 ○座る時、立つ時の動きを日常動作にうまくとり入れていきたい。

病棟 D　氏名 Yさん

表 ③-2　Ⅲ期のYさんのある日の動作法記録（裏面）

現状把握表［7月12日（　）　動作法　足の動きをしなやかに］

記入者　鈴木

20. 1. 10 改正

教示・状況の理解	1	2	3	4	5
教示・状況の理解	全く理解できない	時々理解可能	理解できないときもある	全体を通してほぼ意欲的	（ほぼ正確な理解が可能）
意欲	全く意欲なし	意欲は不鮮明ながら拒否しない	時々意欲的になる	全体を通してほぼ意欲的	（意欲がある）
集中力	全く集中しない	時々集中するが短い	時々集中する	概ね集中できる	（集中できる）
表情	無表情	変化に乏しい	時々表情がある	（望ましい表情がある）	明るく生き生きしている
会話	全く話さない	声を出すが会話にならない	簡単な返答がある	受身的だが会話できる	自ら発言があり会話できる
社会性（対人交流）	交流なし	スタッフとの間でのみ交流が持てる	（働きかけがあれば周囲との交流が持てる）	周囲との交流が持てる	集団内で積極的な行動がとれる
セッション全体に対する反応	否定的	否定的ではないが参加もしない	時々参加する	受身的に参加している	（積極的）
現実吟味力	現実感を全く持っていない	しばしば食い違いがある	時々吟味力に欠ける	（ほぼ吟味力がある）	十分に吟味力がある

備考　右肩のカメラが帰路には軽減している。
VAS 50→10　Face 3→0

合計点　35/40

VASスケール（Visual Analog Scale、図①）と、Faceスケール（図②）は、動作法前後の気持ちの変化を視覚化し、動作法の効果のエビデンスを探る方法として、ペインクリニックで痛みの程度を視覚化する目的で使用されているスケール二種を、試みたものである。

VASは、10 cmの線分の上の指差しで気分の良し悪しを表し、mm数の量で、最も悪い右端を100と数量化して示す。

Faceスケールのほうは、いろいろな顔の仕様例が見られるが、Wong-Bakerの顔6種を用いた。良い笑みの左端の顔を0に、泣く表情の右端の顔を5に6段階に粗点をあてがい、対象者全員に施行し、持続一年余りの数量化の集計を試みた。療法前後の気分差は有意

今の気分はいかがですか？

良├──────────┤悪

今の気分はいかがですか？

良├──────────┤悪

図① VASスケール（Visual Analog Scale）

に変化し、気分を良くすることが確認された（2009年高齢者動作法研修会事例資料提供）。

Yさんの、表③-2（裏面）の「備考」欄に記されたVAS50は、線分の中央あたりを「あんまり」とか、「普通です」と言いつつ指し示したものである。療法終了後に、「気分良く、すっとしました」と変化を見せ、VASは10に、Faceスケールも、3から0（最も笑っている）に変化している。

Faceスケールには、各顔の下に当初は、0、1、2、3、4、5とナンバーリングをしていたが、2009年の研修会で紹介していただいた際にいたスーパーバイズを参考にして、ナンバー提示をなくして指差しをさせる方式で使っている。

● ● ●
● ● ● 3 考察とまとめ ● ●
● ● ●

（1）記録方法について

本稿では、認知レベルの低下が顕著な、長期療養型の入院者に試みた動作法の記録例を示した。

図② Faceスケール

動作法を適用していく際の、こころとからだの微小で緩やかな変化を拾い、表現し、記録していく工夫が必要となった。加齢に伴い低下していく諸機能のなかで、言語で表現されなくてもからだに現れる明らかな前向きの変化を、なかでも特に、心の変化を追っていきたいと工夫してきた。

動作法を続けていくなかで、言葉ではうまく表現できなくても、からだが覚えて変化していった、その時その時を確かに感じている動作者の様子が、援助者にも見えてくる。

認知症入院者にとって、動作法中に得た実体験を、日常生活のなかに生かし積み重ねていくことはかなり難しく、得られたはずの変化を伴った体験も、援助者がそれを感知したり、さらにその変化を記録していくことは大変困難であるが、今後もさらに工夫を重ねて、よりスムーズに情報が伝わる記録方法を検討し、研鑽を続けていきたい。

（2）動作法の実施について

グループで行うオープン形式は、参加者の病棟ホールのフロアや畳部分で輪になって行うことが多い。4名から5名のLTスタッフが参加者の間に入って、その日の当番司会者を囲むかたちをとっている。サンルームと呼ばれている病棟を離れた別のコーナーや、リハビリホールで行うことが多い個別対応のクローズド形式の場合も、オープン形式のグループの場合と同じように、始まりには当番司会のLTをいったんみんなで囲み、季節感を反映させた振りをつけたテーマソングに合わせてウオーミングアップを行う。ちなみに、一番頻回に使わ

れるテーマソングは、『富士の山』である。この始まりのときの参加者の動きは、その後の援助対応に役立つ。また終了時の動きとの比較は、参加者の「良くなった感」や「気づき」を促すと考えられる。動作法導入当初のころは、各部署への十分な情報伝達が難しく、開始や終了時間が押されることもあり、調整にたいそう苦慮した。

病棟ホールでは、好意的に他部署のスタッフが協力してくれるあまり、参加者がホールがあふれて当惑したこともある。現在では、タイミングも参加数もうまく調整することができ、LTスタッフ1名が、2、3名の参加者を援助できるよう、時間も、声かけから終了までを合わせて1時間弱と調整できるようになった。

また、他部署のスタッフによる好意的声かけも、以前は「体操しましょう」などが多々聞かれていたのが、例外を除けば最近は「動作法しましょうよ」と適切である。LTの記録情報が、少しずつ効果を出してきていると考えられる。

（3）動作法記録を他部署スタッフへ理解してもらう

日々の動作法記録も、本稿で紹介したもの以外にも、その日そのLT生活療法記録に、短くコンパクトに読みやすく工夫して入れ、その情報内容が活用されるようにしている。

また、動作法の院内での認識の定着と広まりは、中島先生の動作法研修を、一回だけではあるが看護部の教育委員会に取り上げてもらい、リハビリホールで行ったことが大きいと思われる。看護部の感想

や反応はなかなか良かった。
　LT室員が動作法研修をいっそう重ねていくだけではなく、院内で、また他部署と一緒に研修の機会を持つことが望まれる。さらに、動作法記録内容への理解が進むと考えられる。

事例3　健康動作法の会の概要と効果

(日本社会事業大学　岸野靖子)

●●● 1　健康動作法の会の歩み ●●●

（1）目的と受講者の数

A市健康動作法の会は、日本社会事業大学福祉臨床相談室主催で、高齢者の介護予防と大学の地域貢献を目的として、2000年度から毎年2～3月にかけて実施しており、2009年度で10年目を迎えた。1年に1回の開催であるが受講者は毎年の参加を楽しみにされ、健康動作法の愛好者が増え（図①）、徐々にA市地域に定着してきている。

2009年度は、5年連続参加の受講者が8名、8年連続は2名、10年連続の受講者が1名と（図②）、地域のなかでの高齢者の孤立化や引きこもりが深刻な課題とされるなかで、「いつまでも健康で生活したい、大学で動作法を学びたい、若い人たちとかかわりたい」という地域の人々のニーズに支えられて、毎年実施されている。

2009年度は、実際の受講者41名の参加で、スタッフ体制は、講師1名（中島）、講師補助1名、学生スタッフは登録者27名（学部生16名・院生6名・一般5名）で、総勢70名で行った。

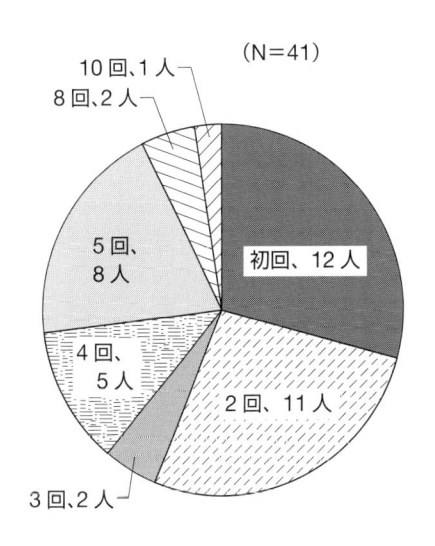

図②　2009年度受講者の受講回数別状況

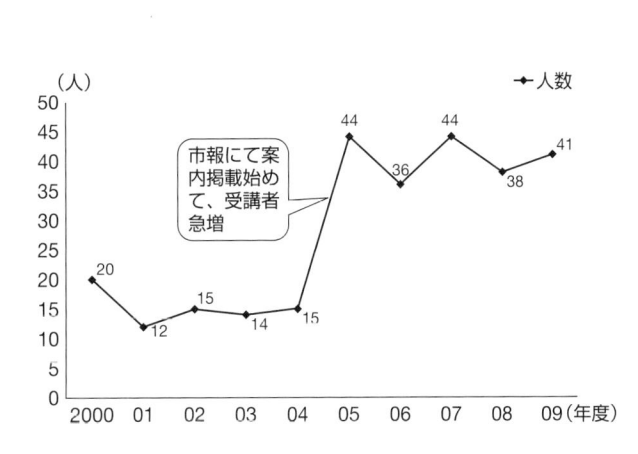

(N=41)
- 初回、12人
- 2回、11人
- 3回、2人
- 4回、5人
- 5回、8人
- 8回、2人
- 10回、1人

図①　受講者数の推移

年度	人数
2000	20
01	12
02	15
03	14
04	15
05	44
06	36
07	44
08	38
09	41

（市報にて案内掲載始めて、受講者急増）

（2）受講者の状況

2009年度の受講者の年齢状況は図③のとおりである。男性6名・女性35名のうち、61～70歳6名、71～80歳21名、81～90歳7名（平均約69歳、最高齢87歳・最低齢14歳）である。中心メンバーは70歳代の男性5名が担っており、毎回の挨拶や会場の片づけなども、学生スタッフと一緒に取り組んでくれるようになってきている。

最近の傾向としては、40～50歳代の受講者（5名）も増えてきている。また、何らかのこころのケアが必要な中学生や高校生の参加も受け入れており、学生スタッフを含めて、高齢者と若い人たちとの交流の場としての位置づけも広がってきている。

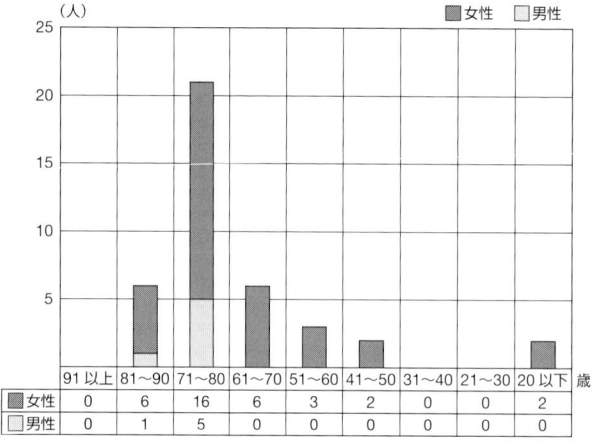

図③ 2009年度受講者の年齢状況

歳	91以上	81～90	71～80	61～70	51～60	41～50	31～40	21～30	20以下
女性	0	6	16	6	3	2	0	0	2
男性	0	1	5	0	0	0	0	0	0

（3）セッションの実施内容

健康動作法の会は、毎年度末2～3月の、週1回（水曜日）のセッションを、5週連続（大学行事などの予定により、回数や日程の変更が若干ある）で実施する。目標は、「からだとこころの健康維持」であり、実際のセッションの流れは表①のとおりで、5回分のプログラムは表②のとおりである。

動作法セッションでは、学生を含めてランダムに二人一組を作り、じっくりと時間をかけて動作課題を行っている。

表① セッションの流れ（2009年度の例）

時　間	セッション内容	備　考
12：30	受付	形式：基本的にクローズドグループで実施。
13：00	受講者3分スピーチ	対象者：原則として市内・大学近辺に在住の60歳以上の高齢者。ただし、転居した方、友人の紹介で遠方からの参加者もいる。
13：05	動作法	
14：00	休憩（お茶会・水分補給）	定員：募集45名程度
14：15	動作法	講師：1名（日本臨床動作学会認定講師）・講師補助：1名
14：55	講師のまとめ	スタッフ：15名程度（登録27名：学部生16名・院生6名・一般5名）
15：00	閉会	

※万一の場合の事故対策として、イベント保険に加入している。

表② プログラムの一例（2009年度の例）

セッション	テーマ	内　　容
セッション1 （第1日目）	肩胛骨回し上げ下げ動作課題	①開会式（参加者代表挨拶） ②講師・スタッフ紹介 ③健康動作法の目的と効果 　・動作法とは 　・心理療法としての動作法の意義 　・老化防止と認知症予防 ④肩胛骨の確認と回し上げ下げ
セッション2 （第2日目）	肩胛骨のスライド開き動作課題	①3分スピーチ（受講者からのメッセージ） ②前回の復習 ③肩胛骨スライド開き（前・後） ④温泉ため息によるリラクセイション
セッション3 （第3日目）	坐位前傾動作課題 ペコポコ動作課題	①3分スピーチ（受講者からのメッセージ） ②前回の復習 ③坐位前傾動作課題 ④ペコポコ動作課題
セッション4 （第4日目）	立位踏みしめ動作課題 半歩出し動作課題	①3分スピーチ（受講者からのメッセージ） ②前回の復習 ③歩き方の観察 ④足指を緩める ⑤立位踏みしめ動作課題（前方・左右方向踏みしめ） ⑥半歩出し動作課題
セッション5 （第5日目）	歩行動作課題と総復習	①3分スピーチ（受講者からのメッセージ） ②前回の復習 ③歩行動作課題 ④総復習 ⑤修了証授与 ⑥写真撮影・閉会式

※各セッションの間隔は1週間である。

2 健康動作法の効果

これまでの活動を振り返り、健康動作法の効果測定と今後の課題を明確にするために、2007年度に質問項目づくりのための予備調査、2008年度・2009年度に本調査を実施した。

(1) 調査の目的

受講者にインタビュー・アンケート調査を行って、高齢者の福祉ニーズを生活歴や生活背景から分析し、健康動作法の介護予防としての効果について明確にする。また、身体の変化だけを目指す現在の介護予防の問題点を明らかにし、生涯学習の場として大学で行う介護予防の意義と、地域活性化の新たな展望について考察することを目的とする。

(2) 調査方法

2009年度は、調査に協力できる方27名に、半構造化面接によるインタビュー調査、または自記式のアンケート用紙によって、①現病、②身体の痛み・しびれ、③健康動作法終了後の効果（からだの変化・気持ちの変化・生活の変化）、④動作法で気に入っていること、⑤運営面・その他の要望、について調査した。自由記述項目の分析は、KJ法的手法を用いて行った。

アンケート協力者には、事前に調査の主旨を説明し、協力いただける方のみを対象に行った。その際、同意書を作成し、個人情報の保護の遵守と研究以外の目的に使用しない旨を誓約している。

(3) 2009年度調査結果

a 現病・身体の痛みや痺れ

現病は高血圧症5名、心疾患3名、糖尿病1名、高尿酸血症1名、動脈硬化症1名、リュウマチ1名、骨粗鬆症1名、側弯症1名、変形膝関節症1名、坐骨神経痛2名だった。身体の痛みや痺れとしては、腰痛・肩痛・膝痛・頸痛・腕や足の痺れが示された。またうつ病などの精神疾患については、該当者はいなかった。13名が日常的に痛みや痺れに悩まされていることが示された。

b からだの変化

からだの変化として図④のような結果が得られた。

c 気持ちの変化

気持ちの変化として図⑤のような結果が得られた。

d 生活の変化

生活の変化として図⑥のような結果が得られた。

e 健康動作法の魅力（気に入っている所）

健康動作法の魅力（気に入っている所）の自由記述について、KJ法的手法で分析した所、表③に示す項目が抽出された。なお、KJ法的手法による分析については、臨床心理士1名、社会福祉士2名、介護福祉士2名の、計5名で行った。

f 2008年度および2009年度の調査結果の比較

2008年度調査結果（からだの変化・気持ちの変化・生活の変化）を個別のレーダーチャートに表すと、タイプ別に4パターンがあるこ

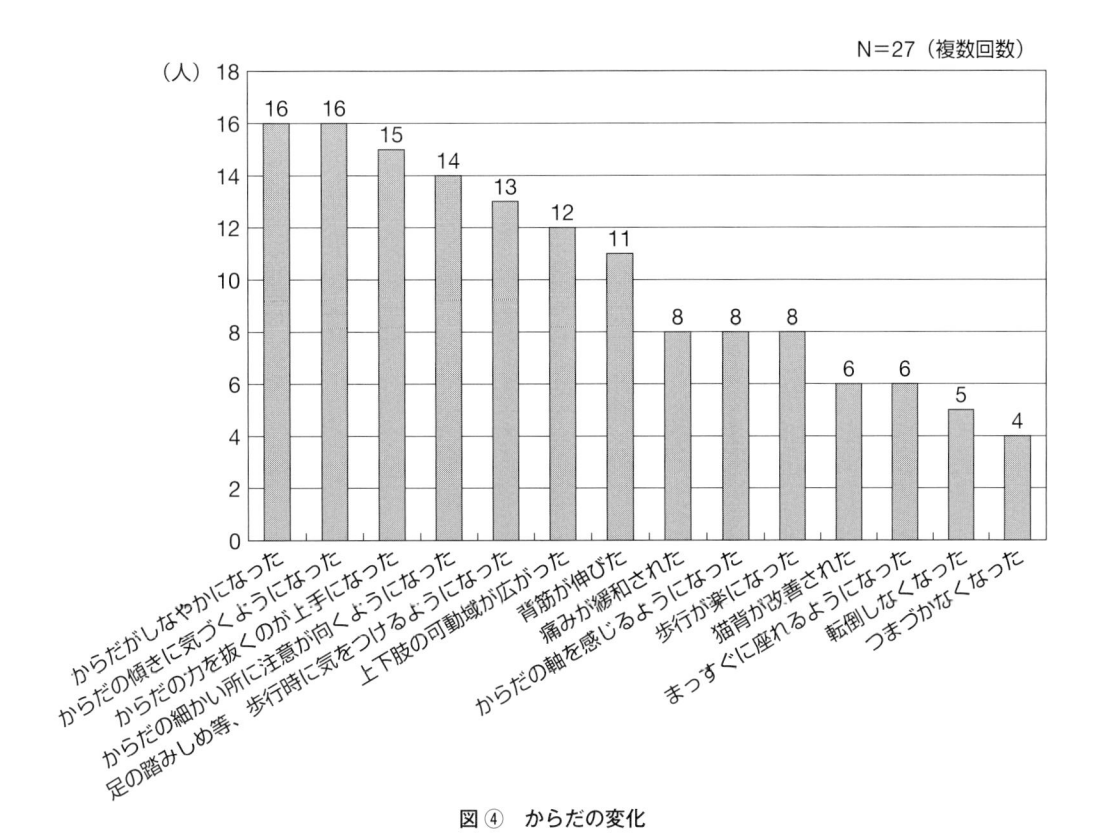

第4章　高齢者への適用

N＝27（複数回数）

からだの変化	人数
からだがしなやかになった	16
からだの傾きに気づくようになった	16
からだの力を抜くのが上手になった	15
からだの細かい所に注意が向くようになった	14
足の踏みしめ等、歩行時に気をつけるようになった	13
上下肢の可動域が広がった	12
背筋が伸びた	11
痛みが緩和された	8
からだの軸を感じるようになった	8
歩行が楽になった	8
猫背が改善された	6
まっすぐに座れるようになった	6
転倒しなくなった	5
つまづかなくなった	4

図④　からだの変化

N＝27（複数回数）

気持ちの変化	人数
気持ちがよかった	22
楽しかった	20
元気になった	18
明るくなった	12
注意深くなった	10
意欲的になった	10
積極的になった	10
思いやりが感じられるようになった	9
落ち着いた	8
自信がついた	8
新しいことにチャレンジしたくなった	8
自分の長所や良さが自己覚知できた	6
社交的になった	5
親切になった	4

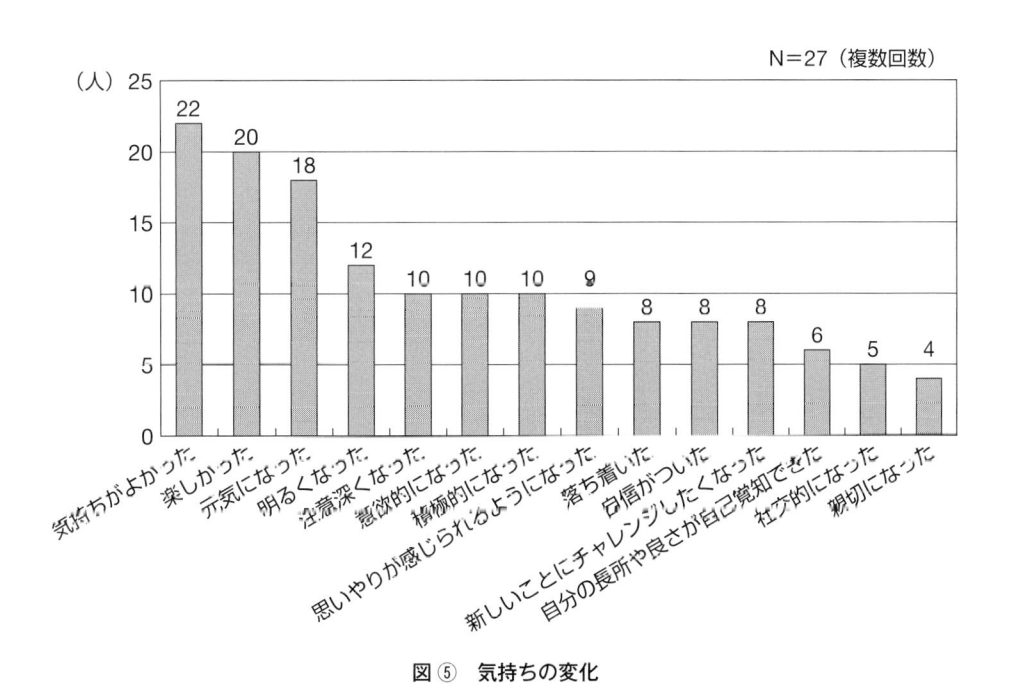

図⑤　気持ちの変化

N=27（複数回答）

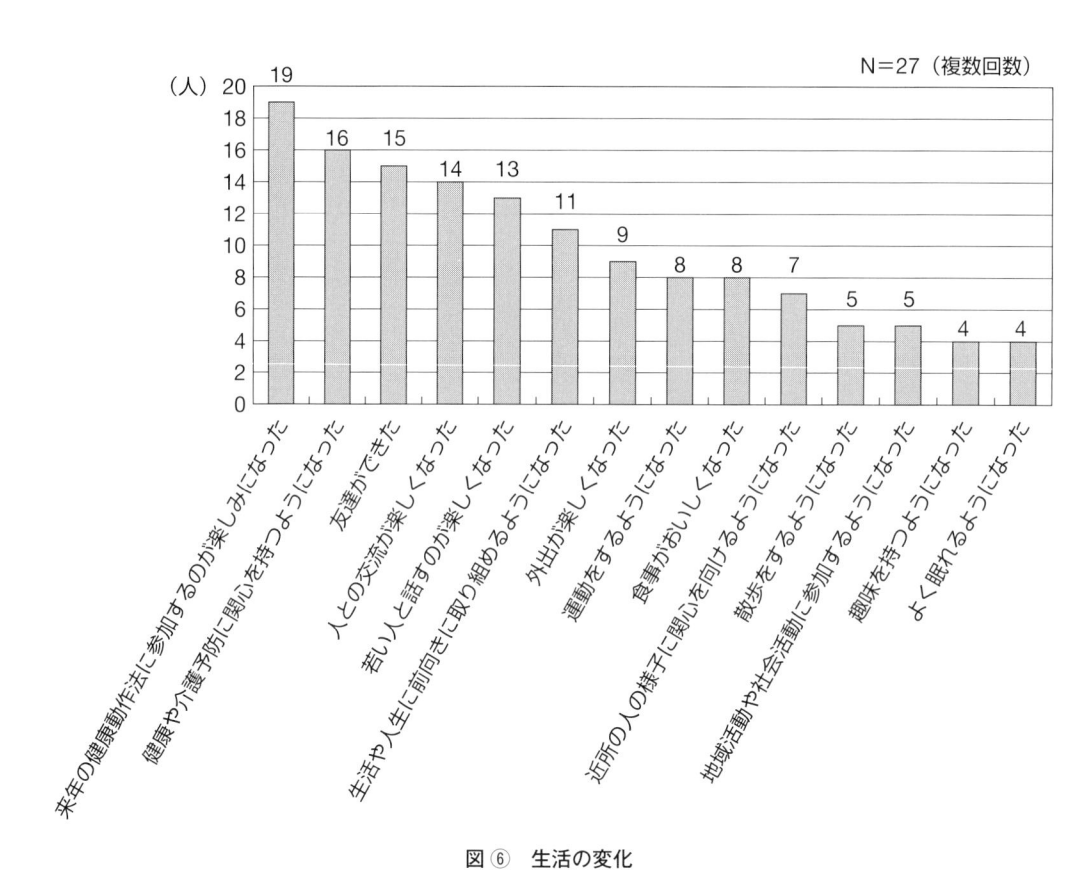

	人数
来年の健康動作法に参加するのが楽しみになった	19
健康や介護予防に関心を持つようになった	16
友達ができた	15
人との交流が楽しくなった	14
若い人と話すのが楽しくなった	13
生活や人生に前向きに取り組めるようになった	11
外出が楽しくなった	9
運動をするようになった	8
食事がおいしくなった	8
近所の人の様子に関心を向けるようになった	7
散歩をするようになった	5
地域活動や社会活動に参加するようになった	5
趣味を持つようになった	4
よく眠れるようになった	4

図⑥　生活の変化

とがわかった。内容は、①「バランスよく変化」、②「偏りのある変化」、③「やや小さい変化」、④「変化がほとんど見られないもの」に分類された。

2009年度調査結果では、①「バランスよく変化」3名、②「偏りのある変化」4名、③「やや小さい変化」4名、④「変化がほとんど見られない」7名に加えて、新しく、⑤「大きな変化」に分類される人が9名いた。9名は、2年目以上の参加者（2年目4名、4年目1名、5年目4名）であり、いずれも日常的に練習している人たちだった。日常の動作法の練習内容は、「入浴時」に、「家族と団欒時」に、「外出した時」に、「寝る前」になど、それぞれのライフスタイルに合わせて、無理なく楽しんで行われていることが特徴だった。

2008年度および2009年度連続して調査対象となった11名に対し、2008年度と2009年度データを比較するために、からだの変化・気持ちの変化・生活の変化などの、「変化があった個数」を数値化して、バランス個別グラフ（レーダーチャート）を作成した。2008年度と2009年度のグラフを比較すると、一人一人の受講者の動作課題や生活課題が明確になってきた。

図⑦に、バランス個別グラフの例を示す。

■女性A（75歳）、独居、職歴は、福祉施設調理員（65歳まで勤務）、現病は、高血圧症・糖尿病・緑内障。

表③　健康動作法の魅力（自由記述の集計）

大項目	中項目	小項目	内　　　容
ゆっくり動作	無理のない自然な動き	無理のない動き	無理のない動き。
		無理しないでできる	無理しないでできること。
		自然な動き	無理に運動することでなく、自然な動き。
	ゆっくり動作	ゆっくり動かす	特にゆっくり動かしていくこと。
		ゆっくりできる	ゆっくりできる。
		ゆっくりできる	ゆっくりできること。
		ゆっくり動作	ゆっくりの動作が気に入っています。
しなやかになる	からだが伸びる	からだが伸びる	手を伸ばす。背骨が伸びる。
日常生活の応用	日常からだに気をつけ、動かす	自分のからだに気をつける	自分の体に気をつけることを学びました。
		日常生活で動かす	日常生活にも手足を動かしていきます。
	日常生活が前向きに楽しみになる	健康について前向き	健康について前向きになれる。
		毎年皆に会えるのが楽しみ	毎年元気で皆に会えるのを楽しみにしています。
気持ちのリフレッシュ	気持ちが若返る	気持ちも軽快	気持ちも軽快になりました。
		若返る	若返ったような気がします。
リラクセイション	力を抜くリラクセイション	こころもからだも軽く	「力を抜く」と心も体も軽く。
		からだが軽く	体が軽くなった。
		力みを改めて感じる	自分の体に力が入っていることを改めて感じることができた。
自己覚知	自分のからだ・欠点に楽しく気づく	自分のからだの気づき	自分の体についての気づきが大切なことを知りました。
		からだの基本的な動きに気づく	体の基本的な動きに気づいた。
		自分のからだと対話	自分の身体との対話できるようになりそうです。
		楽しく欠点に気づく	年齢に関係なく、楽しく欠点に気づかせていただき感謝しています。
		自分の欠点に注意を受ける	先生方の指導のもと自分の欠点に注意を受ける。

「身体・気持ち・生活の変化」バランス個別グラフ

偏りのある変化(からだ変化なし)

◆生活の悩み・自己の課題
一人暮らしなので、自分のことができなくなったら困ると気にしています。

バランスの良い変化に改善(からだ・気持ち・生活の変化上昇)

◆感想とメッセージ
来年も元気で出席させていただきたいと思います。楽しかったです。

2008年度(受講1回目)

No.	からだ	気持ち	生活
A	0	3	3

自分の健康は自分で注意して外に目を向け、後ろを振り向かないで自分にあった生き方をマイペースでしていきたいと思っています。

ペアを組んですると思いやりを感じます。毎日できるだけやっていこうという意欲を感じます。

2009年度(受講2回目)

No.	からだ	気持ち	生活
A	7	8	12

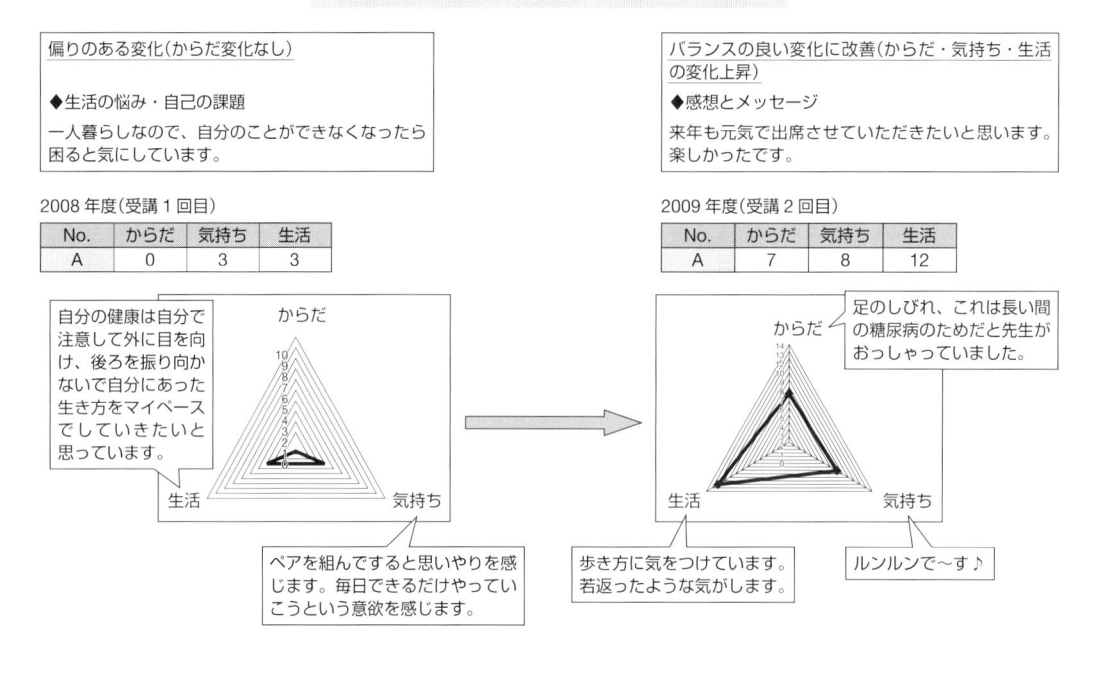

足のしびれ、これは長い間の糖尿病のためだと先生がおっしゃっていました。

歩き方に気をつけています。若返ったような気がします。

ルンルンで〜す♪

図⑦　Aさんのバランス個別グラフの年次変化

3　考察

毎年参加を楽しみにされている受講者が中心となり、A地域に健康動作法は定着してきた。2010年度は50名を超え、受講申し込みを断らなくてはならない状況になってきている。

個別の調査結果を見ていくと、健康動作法の効果として、「からだの変化」と「気持ちの変化」だけでなく、「生活の変化」が大きく見られ、ひいては地域での自立した生活を支えていることが示された。

健康動作法の効果については、図⑧のように考えられる。

また、大学が地域貢献として実施する健康動作法の会の意義は、図⑨のように考えられる。

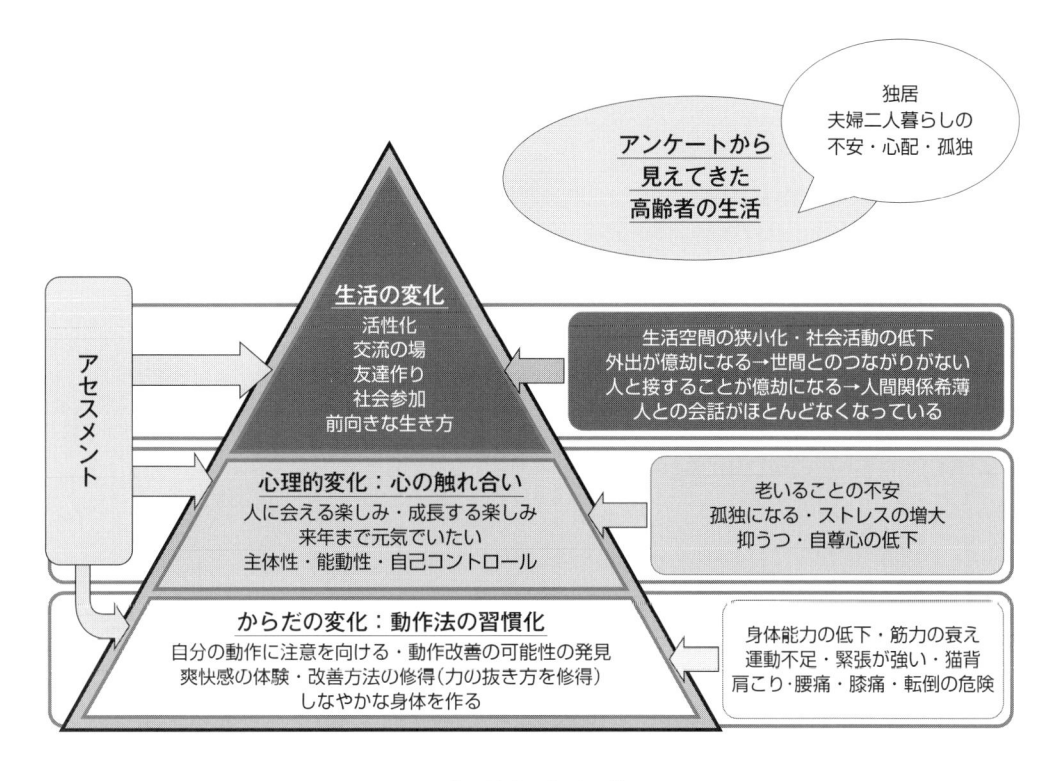

図⑧　健康動作法の効果

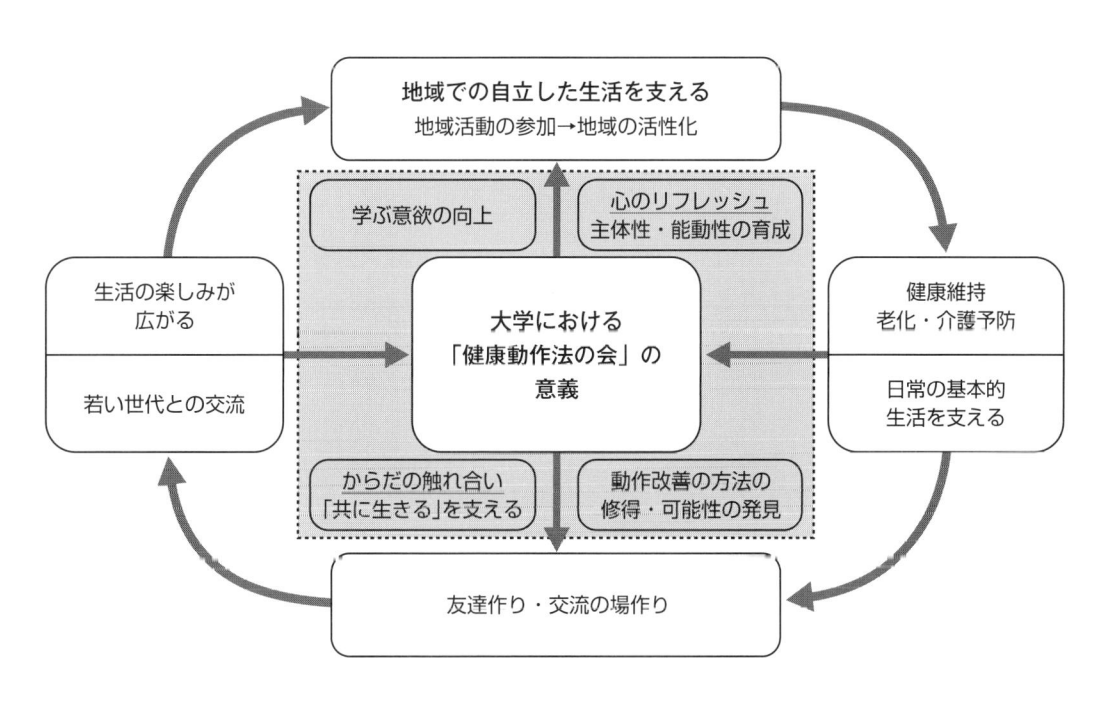

図⑨　大学における健康動作法の会の意義

参考文献

- 蘭 香代子・長野恵子・石山勝巳編『上手に老いを生きる』北大路書房、1991年
- 蘭 香代子「高齢者臨床における動作法」成瀬悟策編『健康とスポーツの臨床動作法』（現代のエスプリ別冊）、1992年
- 石倉健二「高齢者援助における臨床動作法「脳卒中後遺症の高齢者への臨床動作法」日本臨床動作学会編『臨床動作法の基礎と展開』コレール社、2000年、241-250頁
- 石倉健二「高齢障害者のための臨床動作法」成瀬悟策編『動作のこころ──臨床ケースに学ぶ』誠信書房、2007年、151-174頁
- 今井幸充『脱・介護地獄──痴呆性高齢者をかかえる家族に捧ぐ』ワールドプランニング、1999年
- 大川弥生「ICFの活用──「生きることの全体像」についての「共通言語」として」『厚生の指標』五八巻一号、2011年、27-33頁
- 小田浩伸「高齢者援助における臨床動作法「知的障害者への臨床動作法」日本臨床動作学会編『臨床動作法の基礎と展開』コレール社、2000年、267-277頁
- Kitwood. T. Dementia Reconsiderd: The Person Comes First. OPEN UNIVERSITY PRESS, Buckingham・Philadelphia, 1997.
- 児玉桂子ほか編集『PEAPにもとづく認知症ケアのための施設環境づくり実践マニュアル』中央法規出版、2010年
- 坂上頼子「教員研修への臨床動作法の試み」『臨床動作学研究』第五巻、1999年、27-34頁
- 清水良三「動作療法」『社会福祉学習双書』編集委員会編『心理学──心理学理論と心理的支援』（改訂1版）、全国社会福祉協議会、2010年、197-199頁
- Germain, C. B. & Gitterman, A. The Life Model of Social Work Practice. Columbia Univ.Press. New York, 1980
- 千葉和夫・野村豊子・諏訪茂樹・下垣 光『高齢者グループケア──その理論と実際』メディカルフレンド社、1999年
- 鶴 光代「臨床動作法の方法」日本臨床動作学会編『臨床動作法の基礎と展開』コレール社、2000年、33-58頁
- 鶴 光代『臨床動作法への招待』金剛出版、2007年
- 鶴 光代「動作療法の基礎理論」加藤伸司・中島健一編『心理学』ミネルヴァ書房、2008年、188-195頁
- 鶴 光代「意識」『社会福祉学習双書』編集委員会編『心理学──心理学理論と心理的支援』（改訂1版）、全国社会福祉協議会、2010年、121-124頁
- 十束支朗『認知症のすべて──あなたはわかっていますか』医学出版社、2010年
- 冨永良喜「高齢者援助における臨床動作法「災害被災の高齢者への臨床動作法」日本臨床動作学会編『臨床動作法の基礎と展開』コレール社、2000年、231-240頁
- 冨永良喜「心をなごます動作法」（連載）『おはよう21』2001年1月号～、2001年
- 中島健一『新しい失語症療法E-CAT』中央法規出版、2001年
- 中島健一『痴呆性高齢者の動作法』中央法規出版、2001年
- 中島健一編著『高齢者のこころのケア・動作法 園芸療法 ドラマ法 動物介在療法』小林出版、1999年
- 中島健一「痴呆介護の理解と実践「コミュニケーション」高齢者痴呆介護研究・研修センターテキスト編集委員会編『高齢者痴呆介護実践講座II──専門課程』第一法規出版、2002年、125-137頁
- 中島健一「高齢者の心理臨床──高齢者臨床におけるからだ」『臨床心理学』第二巻第四号、2002年、472-478頁
- 中島健一「痴呆介護に関わるケアワーカーの養成・研修体系の提案」『日本痴呆ケア学会誌』第四巻第一号、2005年、101-106頁

参考文献

- 中島健一・中村考一『ケアワーカーを育てる「生活支援――生活プランの考え方」』中央法規出版、二〇〇五年
- 中島健一「認知症介護のこれからを考える」認知症介護研究・研修東京センター監修『新しい認知症介護――実践者編』中央法規出版、二〇〇五年、九-二二頁
- 中島健一「高齢者の外出支援」『地域ケアリング』第七巻第三号、二〇〇五年、二七-三一頁
- 中島健一「福祉人材の今日的課題と福祉専門職に求められる資質」『月刊福祉』六月号、二〇〇五年、一五-二一頁
- 中島健一「認知症のこころのケア」『臨床心理学』第七巻第四号、二〇〇七年、五六六-五六七頁
- 中島健一『人間の理解』中央法規出版、二〇〇九年
- 中島健一共編著『心理学理論と心理的支援――心理学』中央法規出版、二〇〇九年、七五-八五頁
- 長野恵子「こころのケアの実際――動作法」中島健一編『高齢者のこころのケア――動作法 園芸療法 ドラマ法 動物介在療法』小林出版、一九九九年、一〇二-一二六頁
- 長野恵子「障害者・高齢者の心理」『社会福祉学習双書』編集委員会編『心理学――心理学理論と心理的支援』(第3版)、全国社会福祉協議会、二〇〇四年、六二-一二〇頁
- 成瀬悟策「高齢者臨床における動作法の心理学的意義」『リハビリテイション心理学研究』第二〇巻、一九九二年、一-一四頁
- 成瀬悟策『臨床動作学基礎』学苑社、一九九五年
- 成瀬悟策『姿勢のふしぎ――しなやかな体と心が健康をつくる』講談社、一九九八年
- 成瀬悟策『動作療法――まったく新しい心理治療の理論と方法』誠信書房、二〇〇〇年
- 成瀬悟策『リラクセーション――緊張を自分で弛める法』講談社、二〇〇一年
- 成瀬悟策『動作のこころ』誠信書房、二〇〇七年
- 成瀬悟策編『動作のこころ――臨床ケースに学ぶ』誠信書房、二〇〇七年
- 成瀬悟策『からだとこころ――身体性の臨床心理』誠信書房、二〇〇九年
- 長谷川明弘「高齢者援助における臨床動作法「脳血管性痴呆の高齢者への臨床動作研究」』日本臨床動作学会編『臨床動作法の基礎と展開』コレール社、二〇〇〇年、八三-九二頁
- 畠中雄平「臨床動作法における見立てと動作課題の設定について」『臨床動作学研究』第四巻、一九九八年、一九-二一頁
- 針塚進「面接・見立て・心理療法」社会福祉士養成講座編集委員会編『心理学理論と心理的支援――心理学』(第2版)中央法規出版、二〇一一年、一七四-二〇〇頁
- 針塚進「高齢者援助における適用の原則」日本臨床動作学会編『臨床動作法の基礎と展開』コレール社、二〇〇〇年、
- 藤岡孝志「福祉・教育現場で活かされる心理援助」『心理臨床学研究』第二三巻第三号、二〇〇五年、一二六-一三六頁
- 藤吉晴美・成瀬悟策「反側空間無視に悩む脳卒中後遺症者への臨床動作法の適用」『心理臨床学研究』第二〇巻、一九九二年、一-一四頁（※編集委員会編『心理学――心理学理論と心理的支援』(第3版)、全国社会福祉協議会、二〇〇四年、二二五-二三三頁）
- 村田有美「高齢者援助における臨床動作法「老年性痴呆の高齢者への臨床動作法」』日本臨床動作学会編『臨床動作法の基礎と展開』コレール社、二〇〇〇年、二五九-二六六頁
- 山中寛・冨永良喜編著『動作とイメージによるストレスマネジメント教育』北大路書房、一九九九年
- 吉川吉美「精神科臨床に於ける動作法」『臨床動作学研究』第二巻、一九九六年、三八-四三頁

■著者紹介

中島　健一（なかしま　けんいち）
1988年九州大学大学院教育学研究科博士後期課程教育心理学専攻を修了し，九州大学教育学部附属障害児臨床センター助手，日本社会事業大学社会事業研究所専任講師，厚生省老人保健福祉局老人福祉専門官，日本社会事業大学助教授，福祉援助学科長，社会福祉学部長を経て，現在同大学・大学院教授，同大学社会事業研究所長。2002年4月～2004年3月までは高齢者痴呆介護研究・研修東京センター（現　認知症介護研究・研修東京センター）副センター長も併任。社会福祉学博士

主著書
『ケアワーカーを育てる「生活支援」実践法──生活プランの考え方』（共著）中央法規出版2005年，『心理学』（共編著）ミネルヴァ書房2002年，『痴呆性高齢者の動作法』中央法規出版2001年，『高齢者のこころのケア──動作法　園芸療法　ドラマ法　動物介在療法』（共編著）小林出版1999年，『新しい失語症療法──E-CAT』中央法規出版1996年

こうれいしゃどうさほう
高齢者動作法

2012年3月25日　第1刷発行
2014年5月15日　第2刷発行

著　者　中島健一
発行者　柴田敏樹
印刷者　日岐浩和

発行者　株式会社　誠信書房
〒112-0012　東京都文京区大塚3-20-6
電話　03(3946)5666
http://www.seishinshobo.co.jp/

©Kenichi Nakashima, 2012　　印刷所／中央印刷　製本所／協栄製本
検印省略　　落丁・乱丁本はお取り替えいたします
ISBN 978-4-414-40071-7 C3011　　Printed in Japan

JCOPY <(社)出版者著作権管理機構　委託出版物>
本書の無断複写は著作権法上での例外を除き禁じられています。複写される場合は，そのつど事前に，(社)出版者著作権管理機構(電話03-3513-6969，FAX03-3513-6979，e-mail: info@jcopy.or.jp)の許諾を得てください。

日本の心理臨床3
からだとこころ
身体性の臨床心理

成瀬悟策著

こころが活動していればからだも関連して活動しているし、からだが不調になればこころもそれなりに不安定になる、といったことをわれわれは体験として感じている。しかし、こころの研究者はからだを扱わず、からだの研究者はこころを扱わずで、両者の関係を既成の学問はないがしろにしてきた。著者は、これまでの豊富な心理臨床研究体験の集大成として、こころとからだの相互性についてオリジナルに解説してくれる。

目　次

- 第一章　緊張と緊張感
- 第二章　こころとからだ
- 第三章　からだが重たい・だるい・おっくう
  ――緊張を弛める
- 第四章　肩周りへの対応
- 第五章　ボディー・ダイナミックス
- 第六章　四肢への対応
- 第七章　動作援助における体験の変化
- 第八章　身体性

A5判上製　定価(本体3200円＋税)

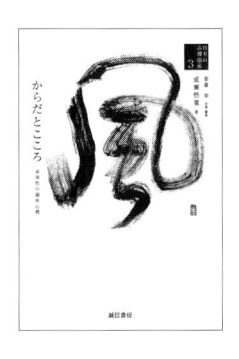

動作のこころ
臨床ケースに学ぶ

成瀬悟策編

「からだ」と「こころ」を「動作」によって一元化・一体化させるという、日本オリジナルの「臨床動作法」の創始者、成瀬悟策が編集した初の臨床動作法ケース集。学校、精神病院、総合病院、小児科、女性診療科、高齢者施設など様々な領域で活躍する九人の臨床心理士が、現場における動作法の導入からその効果までを実例に沿って紹介する。ケースごとに成功例と失敗例編者によるコメントが付せられ動作法への理解を促す。

目　次
- 序　臨床動作法で学ぶ心理臨床
- 1　学生相談における臨床動作法
- 2　スクールカウンセリングにおける臨床動作法
- 3　精神病院における臨床動作法
- 4　総合病院における臨床動作法
- 5　小児科医院における臨床動作法
- 6　女性診療科・女性外来での臨床動作法
- 7　高齢障害者のための臨床動作法
- 8　ＰＴＳＤ・心的外傷と臨床動作法
- 9　心理職者への臨床動作法

A5判上製　定価(本体3000円＋税)